Impressum:
© 2021 Wolfgang Schirmer (schirmer@ uni-duesseldorf.de)
Herausgeber und Autor: Wolfgang Schirmer
Umschlaggestaltung, Bilder, Zeichnungen, Fotos: Wolfgang Schirmer
Verlag und Druck: tredition GmbH, Halenreihe 40-44, 22359 Hamburg

ISBN
Paperback: 978-3-978-3-347-28620-7
Hardcover: 978-3-978-3-347-28621-4
e-Book: 978-3-978-3-347-28622-1

Bibliografische Information der Deutschen Nationalbibliothek:
Die Deutsche Nationalbibliothek verzeichnet diese Publikation in der
Deutschen Nationalbibliografie; detaillierte bibliografische Daten sind
im Internet über http://dnb.d- nb.de abrufbar.

Lyrion

Gedichte

Wolfgang Schirmer

Meinen Kindern und Schwiegerkindern
Jörg, Adele, Sandra, Stefan, Epi, Katrin und Usch

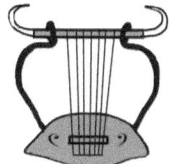

Inhalt

Prolog

Mir kam der Name Lyrion als Titel für ein Gedichtbändchen im Zusammenhang mit Lyrik in den Sinn. Ich fand dann, dass er als männlicher albanischer Vorname Verwendung findet.

Wie schon im Gedichtbändchen „Wegewarte" (2016) sind hier Gedichte vereinigt, die grob seit den 80er Jahren entstanden sind. Die Gedichte beider Bändchen stehen also zeitlich und thematisch nebeneinander. Der Umfang beider Bändchen ist weitgehend von der Preiskalkulation des Verlags vorgegeben. Die nachfolgenden 104 Gedichte sind als Gelegenheitsgedichte aus meinem Lebensbedürfnis und meinem Lebenserleben und -beobachten entstanden. Sie enthalten Lebensbetrachtung, Arbeit, Erotik, Gebet, Spaß, Skurriles, Rat, Geothemen und Begeisterung. Sie bewältigen da und dort auch das, was mich innerlich bewegt hat.

Simísien

Simísien nenne ich Gedichte aller Art, die maximal 160 Zeichen, einschließlich Leerzeichen, umfassen. Das Wort ist abgeleitet von SMS (Short Message System) und dem dazu entstandenen Verb simsen (Die erste SMS der Welt überhaupt war am 3. Dezember 1992 gesendet worden).

Anfang 2001 startete der Uzzi-Verlag Düsseldorf (Harald Müller) einen Wettbewerb, der einlud, zu vorgegebenen Stichworten Texte mit maximal 160 Zeichen zu verfassen. Zur Kategorie Liebe, Literatur und Spaß, und ein Jahr später (2002) zu Lust, Eifersucht und Angst, habe ich einige Kurzgedichte eingereicht. Von ihnen wurden drei Gedichte in die Bändchen Liebe und Spaß (2001) aufgenommen, weitere vier im Wettbewerb 2002. Dieser zweite Wettbewerb wurde jedoch nach Einreichung der Texte vom Verlag abgebrochen. 2012 wurden schließlich von Harald Müller die ausgewählten Texte beider Wettbewerbe digital herausgegeben (siehe Anmerkungen). Meine Freude an 160-Zeichen-Gedichten brach aber 2002 nicht ab. Ich nannte sie dann bald Simísien.

Die süße Arbeit

Was ist an Arbeit denn das Schöne?

Es ist das Spielerische, Kreative.
Es ist, was in dir schlummert, ruht,
das Ursprüngliche, Primitive,
nicht das, was Nützliches nur tut.

Die süße Arbeit sucht das Schöne,
die Arbeit, die so schwelgt wie Töne,
die formt und bildet, dichtet, schreibt,
die aus Geschaffnem neu antreibt,

die Arbeit, die aus dir ersteht,
dich flüsternd anfeuernd umweht,
vor dir sichtbar wie Saat aufgeht,

Ideen, die sich selbst entzünden,
in deinen Händen Nahrung finden,
sich den Gedankenreichtum raffen,
um daraus Schönes zu erschaffen.

Die süße Arbeit ist die wahre,
doch nicht immer die umsetzbare
in Leistung, Daten oder Geld.
Sie hat kaum Platz in einer Welt,
die einzig nur nach Leistung fragt.

Die süße Arbeit bleibt versagt,
dem der in Arbeit Mühe sieht,
sie um der Freizeit willen flieht.

Wintergefühle

Den Winter hab als Einkehrzeit
ich selber mir verschrieben.
Doch fühl ich oft statt Freud mehr Leid,
fühl mich allein geblieben —

allein von bunter Erdenpracht,
die mit dem Herbst verflog,
als Eiswind in klirrkalter Nacht
ins goldne Land einzog.

O düster dunkeldroh'nder Tag,
laut heulend Sturmgedröhn,
ihr Regenschwaden, Graupelschlag,
wer findet euch denn schön?

Wie soll ich in dem Düster bloß
mir innre Einkehr gründen,
wenn Angst sich immer wüster schloss
zur Seel', die Ruh' will finden?!

Verzage nicht, Sturmtage sind
nicht Winteralltagsstil;
sie fegen nur manch Blatt hinweg,
das trotzverharren will.

Dazwischen ruhn unendlich Zeit,
Grautage, nebelstill.
Drin findet tiefe Einsamkeit,
wer Einkehr suchen will.

Dann gibt es winters manchmal auch
Schneemärchenzauberzeiten;
denn auch die ruhende Natur
kann Festtage bereiten.

Freu dich an ihrem hellen Glanz
und weiß in deiner Stille:
der nächste Frühling kommt gewiss,
Mut, Kraft und neuer Wille.

So eilet

Sie laufen
zu Haufen,
sie sitzen
und schwitzen,
sie tagen
und fragen,
wes Waffe mehr wert.

Statt wandeln
mit Handeln,
nur reizen
und geizen
und kämpfen
in Krämpfen,
wer besser wohl fährt.

Ach träten,
die kamen,
zusammen
und bäten:
Gott lenke
und schenke
uns Liebe statt Schwert!

Statt Kränken
Beschenken,
statt Grollen
Wohlwollen,
ließ werden
auf Erden
manch Feind zum Gefährt.

So eilet
und heilet
rechtschaffen
ohn Waffen
und sehet,
dass stehet
in Fried' unsre Erd'!

Gebet: Lass meine Wege

Lass meine Wege die Deinen sein.
Lass mich im Leben niemals allein.
Gib meinen Wegen all einen Sinn.
Sag mir, wenn ich auf Abwegen bin.

Lass mein Handeln und lass mein Tun
nicht nur auf Eigennutz beruhn.
Lass mich lieben, wenn Zorn in mir braut,
schenk Frieden mir, wenn in mir Unruhe haust.

Lass gütig mich lächeln dem, der mir droht.
Lass mich nicht fürchten vor Nacht und vor Tod.
Hilf mir im Zweifel an Dir und der Welt
und schenk mir, dass mir das Leben gefällt.

Liebe auf dem Prüfstand

Das, was der Mensch für Liebe hält,
wird nicht von jedem auf der Welt,
als solche auch empfunden.

Wenn sie nicht richtig zubereitet,
nicht treffend, passend eingekleidet,
schlägt sie vielleicht auch Wunden.

Winterruhe

Im Lenz hat froh das Jahr gelacht,
im Sommer hell für uns gewacht,
im Herbst goldschwere Frucht gebracht.
Jetzt schläft es durch die Winternacht.

Der weise Mensch hat wohlbedacht
den Jahresrhythmus mitgemacht,
im Lenz gelacht, dann hell gewacht,
und wenn der Herbst sich neigt, ganz sacht
Seel und Gemüt zur Ruh gebracht.

Januar, Schnee, Nebel, Winterstille in Wolkenstein

Das Alter

Das Alter zeigt uns deutlich die Grenze:
Wir sind jetzt im Herbst und nicht mehr im Lenze.

Ein Wechsel von aktiver Umfeldgestaltung
zu ganz persönlicher Lebensverwaltung
gibt eine scharfe Trennung im Leben.
Man muss sich neue Aufgaben geben.

Dann stellt sich irgendwann uns die Wahl,
geb ich den Stab ab, oder ist's mir egal.
So mancher geht gern, so mancher nicht.
So mancher hält sich fürs ewige Licht.

Ich forsche, solang mir das Herz danach steht,
bis einst meine Sonne mir still untergeht.
Wichtig, ich habe Freude daran,
solange ich schaffen und denken kann.

Klimawandel-Apokalypse

Eigentlich sollt es jetzt regnen,
doch das will es einfach nicht.
Der April ist gar so trocken,
und die trock'ne Erde spricht:

So was gabs in manchen Jahren,
also heuer wiedermal,
dass der Boden hat erfahren,
Frühlingsbotensprießensqual.

Ja, sie möchten gerne leuchten,
all die Blümlein farbenfroh.
Anstatt weichem Boden, feuchten,
gibts nur dürres Laub und Stroh.

„Klimawandel" nennt man zornig
solch Gebaren unsrer Zeit.
Doch das Klima tänzelt ständig
auf der Erde weit und breit.

Zu viel Sonne — zu viel Regen,
alles ärgert, selbst viel Schnee.
Und wenn es zu heftig wütet,
tut es uns besonders weh.

Unsre Alten kannten alles:
Hochflut, Dürre, Hunger, Leid,
und sie sagten sich geduldig:
Gott gestaltet unsre Zeit.

Solchermaßen dachten alle,
beteten um Besserung,
und im allerschlimmsten Falle
half ein Jeder – Alt und Jung,

Menschen, die zusammenrücken,
Dürreleid und Wassersnot
zu bestehen, überbrücken,
wenn's gebricht an Hilf und Brot.

Hilfe war einst höchstes Gut,
oft das einz'ge Überleben.
Dem wird man den Lorbeer geben
der es auch noch heute tut.

Klimawandel gab es immer,
gab es schon zu allen Zeiten,
um vom Eis bis zu den Tropen
Abwechslung uns zu bereiten.

Die Idee, sie sei'n verzwercht,
unsre wetterwilden Jahre,
sieht den Strolch schon eingepfercht,
der die Ursach brächt' — die wahre.

Doch es lässt sich schwerlich finden,
was die Klimalaunen lenkt.
Klimawechsel zu ergründen,
macht den Klügsten hirnverrenkt.

Klimakund'ge warten lange,
dass es endlich wärmer wird,
warten spannend voller Bange,
ob das Klima denn sich irrt.
In den letzten Warmzeit-Phasen
war es wärmer stets als heut.
Mittelmeerisch warmes Klima,
das im Urlaub uns erfreut,
war das mind'ste, was man findet
in der Flora warmer Zeit,
und hat gut daraus begründet
warme Jahre um uns breit.

Dieses Klima war zugegen
in den Interglazialzeiten.
Ist jetzt eines auf den Wegen,
sich mal wieder auszubreiten?

Noch hat den Zenit es
dieser Wärme nicht erklommen,
vielleicht fehlt auch nicht mehr Vieles,
bald am Gipfel anzukommen.

So lasst uns nicht weiter wundern,
wenn es langsam wärmer wird,
die „Gemäßigt Klimazone"
sich zum Mittelmeer verirrt.

Ach, du guter Klimawandel,
bist Millionen Jahre alt,
tänzelst froh durch Land und Zeiten,
nimmst und bringst mal Eis, mal Wald.

Und dem Menschen bleibt nur eines:

Er hält wendig sich bereit,
vielfachkundig und gescheit,
klug auf das zu reagieren,
was du wieder ausgeheckt
und für alles wohlgerüstet,
was die Zukunft noch versteckt.

Uns muss allen klar sein:
Sehr bequem ist solches nicht.
Doch der Mensch hat gute Gene
und im Hirn das helle Licht,

sich für Unwetter zu rüsten,
Unbill jeder Klima-Art,
im Gebirge, an den Küsten.
Trifft es wo besonders hart,
kann ein Hilfsfond Nöte schlichten.

Eine Truppe einzurichten,
die allzeiten hilfsbereit,
wenn es lichterloh wo brennte,
wäre allerhöchste Zeit,

besser auch als kriegsbereit
einem möglich Feind begegnen,
den es aus dem Himmel regnen
irgendwo auf Erden könnte.

Ob der Mensch auch seinen Anteil
an dem Wärmequäntchen hat,
tobt in heft'gen Diskussionen,
reichlich füllend Buch und Blatt.

Doch es fehlt noch der Beweis,
wie hoch dieser Anteil wäre.
Drum sei taktvoll man und leis.
Jede Anschuld ging ins Leere.

Trotzdem stünde es uns an,
Treibhausgase zu vermeiden.
Müll und Raubbau ohne Plan
bringen Mensch und Erde Leiden.

Apokalypse ist griechisch und bedeutet Enthüllung, Klarstellung und Aufklärung, eben das, was die Luther-Übersetzung Offenbarung nennt. Die biblische Apokalypse wurde von einem kleinasiatischen Schreiber namens Johannes verfasst, und wurde in den Bibelkanon aufgenommen. Sie ist aber eher eine Zukunftsvision, eine Zukunftsspekulation als eine Klarlegung. Diese Vision des Johannes enthält neben Zuversichtsvoraussagen auch zahlreiche schreckliche Höllen-Szenarien. Mit eben diesen letzteren hat die christliche Nachwelt das Wort Apokalypse leider zu einem Inbegriff von Horror-Szenarien verwandelt (Bild). Das ursprünglich neutrale Wort hat also eine deutlich negative Bedeutungsänderung erfahren, unter der „Apokalypse" heute verstanden wird.
Ich wandte in den obigen Versen „Klimawandel-Apokalypse" deren Bedeutung im ursprünglichen Sinne an, bin mir dabei aber wohl bewusst, dass unsere moderne Gesellschaft auch Klimawandel bereits mit Horrorszenarien verknüpft. Das Wort Klimawandel erlebte also dasselbe Missgeschick wie das Wort Apokalypse. Unsere Gesellschaft wurde in den letzten zwanzig Jahren von einer Klimawandel-Angst erfasst. Ausgelöst wurde sie letztlich von den „apokalyptischen" Presseberichten, die ja häufig mit maßlosen Übertreibungen Geld zu verdienen versuchen. Dabei wird das Wort Klimawandel derart missverstanden und missbraucht, dass es von einem jahrmillionenalten normalen Vorgang auf der Erde allerjüngst zu einem Negativwort geworden ist, das als Unglück und Unheil der Zukunft empfunden wird.

Sollte sich herausstellen, dass Wetterextreme unserer letzten Jahre sich einnisten, so begegnen sie uns nicht neu, sondern wieder einmal, wie sie es früher so oft gab. Sie erinnern uns, dass wir lange wetterruhige Zeiten hinter uns haben. Solche ruhige Zeiten stellen aber nicht die Wetternorm dar. Die derzeitige Erwärmung ist ein Klimawandel von unbekannter Dauer. Solche gab es schon früher ohne anthropogene Kohlendioxid-Erhöhung. Ob und welchen Anteil der Mensch an der jetzigen Erwärmung hat, ist kritisch zu prüfen. Klar ist, dass das Klima unseres Landes über längere Zeiträume zwischen erheblich vergrößerten Gletschern und mediterran-subtropischem Klima schwankte.

*Apokalyptische Figur in St. Martin/Zillis, Schweiz (1140 n.Chr.).
Tuschezeichnung W. Schirmer 1994*

Etymologie des Arms

Es schien die Sonne,
sie schien auf den Arm.
Da ward es dem Arm
so wunderbar warm.

Er dachte für sich:
Warum heiß ich nur so?
Mich dünkt gar nicht, arm
zu sein, fühl mich recht froh.

Da lachte die Hand,
sie lacht sich halbtot,
denn der arme Arm
wurde fuchsteufelsrot

und voll Sommersprösschen
fein dicht übersät.
„Schlüpf schnell in den Ärmel,
sonst ist es zu spät!"

so rief die Hand. —
„Es ist eine Schand",
aufstöhnte der Arm,
„es war so schön warm,
nun muss ich mich wegen
der Sonne verstecken."

Hinzu setzt er traurig,
voll Einsicht und leis:
„Nun weiß ich, dass ich arm bin
und warum ich so heiß'."

Äuglein

Äuglein, kannst mir was erzählen,
besser als der Mund es kann,
schau mich tief, tief drinnen an.

Lügen

Lügen haben kurze Beine,
wussten schon die Urwelt-Schweine.
Denn die Schweine damals logen,
dass sich alle Tische bogen.
Drum sind Haxen klein,
aber fein.

Uneinsicht

Wer nicht bereit zu tauschen
den Platz am Wasserfall,
der wird vergeblich lauschen
dem Sang der Nachtigall.

Geglückte Arbeit

Jedwede Arbeit besser glückt,
wenn man sie ein bisschen schmückt.

Eifersucht

Statt mit Eifer zu vertreiben
Widersacher beim Beweiben,
suchst du besser zu gefallen.
So wirst du geliebt vor allen.

Gebettet

Gott, in Deinen Arm gebettet
lieg ich so ruhig da,
ich fühl Dich warm und nah,
weit vom Alltag mich gerettet.

Lust und Leben

Lust ist der Motor des Lebens,
ohne sie lebt man vergebens,
nährt all unser Tun und Treiben
und führt manchmal zum Beweiben.

Mondlichttraum

Träumend schau ich in den Schnee,
ob ich deine Spuren seh
unter meinem Fensterlein
in des Mondlichts fahlem Schein.

Mond, du schweigst, Licht ohne Herz!
Siehst mich nicht im nächtlich Schmerz!? —
Und im Traume seh ich's blitzen,
in des Morgens gleißend Glitzen,

seh die Spur zu meinem Fenster —
seh ich's wirklich? — Sind's Gespenster? —
Besser ist ein glücklich Traum
als nur schmacklos Alltagsschaum.

Also träum ich von der Spur,
seh die glückbeseelt Figur,
die die Spuren hinterließ,
ein sich schwingt in mein Verließ.

Gedanken in der Winternacht

Es leuchtet durch die stille Nacht.
Der längste Abend hat um uns begonnen.
Was hat uns dieses Jahr gebracht? —
Es ist wie Schnee auf heißer Glut zerronnen.

Viel Arbeit, frohen Plan und Eile
und manchen unvergesslich guten Tag.
Du Schwärmer ohne Langeweile!
Ob dich ein stiller Alpenhirt wohl mag?

Auch ich bin auf der Alp gelegen,
mein Auge glücklich weidend um mich her.
Ich tat es um der Ruhe wegen —
ich glaub, um mancher andrer Dinge mehr:

Der Berg vor mir zeigt schräge Schichtung.
Die Rotfärbung, ist sie wohl Paläokarst?
Das Tal zieht mit der Klüftungsrichtung —
dort ist die Mure, wo du noch nicht warst.

Vom Col de Rü ins Tal hinab
hat man den allerallerschönsten Blick.
Du steigst hinab, und auf, und ab
und vorwärts, noch ein kleines Stück zurück —

das ist die beste Fotostelle —
und auf dem Dia träumst du alles wieder,
erlebst nochmal in Blitzesschnelle
den Tag der wunderschönsten Stimmungslieder.

Das hält dich wach von Tag zu Tag,
es macht dich reich, des Eindrucks übervoll.
Fühlst du dabei dich immer wohl?
Ob dich der Langeweile hat, noch mag?

Es leuchtet durch die stille Nacht.
Der längste Abend hat um uns begonnen.
Viel hat mir dieses Jahr gebracht —
nur ist's wie Schnee auf heißer Glut zerronnen.

★   ★   ★

Ich träum so gern zum Sopramonte,
dort auf Sardiniens höchster Felsenzinne,
wo wildes Kalkgeschlucht sich sonnte —
das Land im Mai in schönster Blütenminne.

Wir forscht ich doch durch dieses Land!
Ich kenn' fast alle wilden Meeresklippen.
Ich sah's im Sommer sonnverbrannt —
nun blütenübergossne Felsenrippen.

Ich flog hoch über Labrador,
tief unter mir im Meer ein Eisbergbäumen.
Der Stuart setzt mir Essen vor —
er stört mich in den frostgen Eiszeitträumen.

Die Flüsse sind noch zugefroren,
die Köpfe der Gesteine schneegesäumt.
Ich sinn ins weite Nichts verloren.
Welch Glück, ich hätt mir's schöner nie erträumt!

Die Flüsse ziehen Schlangenspuren —
St. Lorenz-Strom, von tausend Schollen eisig —
Gestein, voll Spalten, Ringstrukturen —
ich glaub, mein Puls schlägt pochend hundertdreißig.

Ich könnte ewig, ewig blicken,
der Flug, er dürfte nie zuende gehn.
Mich könnt' nicht Schmerz noch Kummer drücken,
jetzt will ich nichts als sehn, und sehn und sehn.

★ ★ ★

Des Nachts lieg manchmal ich hellwach.
Ich kann das alles noch einmal genießen. —
Ich bräucht ein unendliches Dach,
um all das nicht verloren gehn zu wissen.

Dann denk ich, jeder Reichtum wiegt,
auch der des Eindrucks — schwer wie blankes Gold.
Ist's nicht zu viel, was in dir liegt?
Ist dir der Muse Leichtigkeit noch hold?

Versenk dich in die stille Stunde,
in die der längsten Nacht im langen Jahr.
Ruh aus auf deines Quelltopfs Grunde,
der überquellend ewig sprudelnd war.

Das Jahr ist wie des Baches Lauf,
es reißt den Tropfen ohne Rast hinfort.
An jedem Stein, an jedem rauen Ort
verwirbelnd taucht er ab und auf.

Doch an des langen Laufes Ende,
wenn bald die längste Nacht um uns beginnt,
ist's Zeit, dass er, der sprudelnd rann behände,
nun ruhig in den stillen See ausrinnt.

★   ★   ★

Es leuchtet durch die stille Nacht,
der längste Abend will um uns beginnen.
Viel war's, was wir im Jahr gewollt, gedacht.
So lasst uns still sein und besinnen.

— —

Pfingsten

Eins der abertausend Wesen
will vom Alltagstun genesen.
Das kann dunkel sein und sonnig,
lustig, traurig, gierig, wonnig.

Alles doch, ob schwer, ob schön
kann nicht stets sich wirbelnd drehn –
lenkt das Treiben uns zumeist
ab von inn'rem Ziel und Geist.

Schick von Deinem heilgen Sinn
nur ein Tröpfchen zu mir hin -
eines nur, zart, wie der Tau
bunt erglänzt in sonn'ger Au.

Lass es hell in mir erblitzen
so wie in des Tautropfs Glitzen.
Herr, dies ist mein Wunsch zu Pfingsten.
Schenk ihn Starken wie Geringsten.

Schenk, dass Sinne mein und Willen
ganz mit Deinem Geist sich füllen,
den Du in die Schöpfung legtest,
seit Milliarden Jahren hegtest.

Die Sitzung

Da sitzen sie und diskutieren.
Dass sie dabei nur Zeit verlieren,
bedenkt im Eifer keiner.

Was rauskommt, ist höchst miserabel.
Schrieb man es auf, wär es blamabel. —
Das Leben wurde kleiner.

Ach würdest du es unterlassen,
dich lieben über alle Maßen,
verbal dich zu erhöhn,

dich wichtig und erfolgreich zeigen,
lustwogend dich im Selbstlobreigen
so groß und stark zu sehn.

Darauf beklagst du dann die Zeit,
die man dir stiehlt, die weit und breit
und überhaupt dir fehlt.

Du raubst sie dir, den Lieben deinen.
Du solltest dich zutiefst beweinen,
denn du allein bist's, der dich quält.

Nacht

O Nacht, was hast du mir beschieden?
O Nacht, was wirst du heut mir tun?
Schenk bitte mir ein bisschen Frieden,
dass ich vom langen Tag kann ruhn.

Halt Ängste ab und wirr Gedanken,
schenk ruhig Gang dem Blut, dem Herz,
zwing argen Traum in seine Schranken,
lass stille werden mich vom Schmerz.

Schick einen Engel mir zur Seite,
der lächelnd seine milde Hand
mir an mein Herz legt, bis ich gleite
in sanfter Träume sonnig Land.

Seelenpflege

Bei allem Glück in dieser Welt,
beim freudgen Schaffen, Wühlen, Schöpfen,
beim Produzieren aus rauchenden Köpfen,
ist's nötig, dass man mal innehält,

sich fragt, ob Verzichtbares dich nicht zerquäle,
den Alltag entrümpelt von sinnlosem Trott,
tief Zwiesprache hält mit dem wachenden Gott,
und streichelt und pflegt die geschundene Seele.

Qwurx

Wer sich im Geiste nicht verwurzelt,
dem kann passieren, dass er purzelt
durch all sein Leben ohne Plan.

Wie immer man sich ausgestaltet,
verrückt, normal, modern, veraltet,
man zieh' bewusst auf seiner Bahn.

Ob Federkleid, ob Vogelkopf,
ob Wurzelbein, Antennenschopf,
geht keinen etwas an.

Rechts: *„Qwurx", in Rötel + Holzkohle (1997)*

Bärengefühle

Du riechst so gut, so bärig braun,
halt mal ein bisschen stille.
Lass mich dir in die Augen schaun
mit rosaroter Brille.

Du bist so tatzig, fellig weich,
so gut zum Balgen, Spielen.
Mir wird fellwarm, drum lass mich gleich
mein Schnäuzchen an dir kühlen.

Beiß mich einmal ins Vorderbein
mit deinem stumpfen Zähnen.
Doch beiß nur zart und sanft hinein
— ich lieb nur Freudentränen.

Komm mit mir, ich kenn Moos und Stein
und wildes Felsgeschluchte —
zu zweit sind wir nicht so allein,
weißt du, dass ich dich suchte?

Dich Bärenschnäuzchen, kühl und klein,
dein tapsig fellweich Tätzchen,
ein Bärentänzchen auch zu zwein
am bärweichmoosig Plätzchen.

Das ist mein Bärentraumgefühl,
lass mich's mit dir erleben,
den Traum von kühlen Wäldern still,
von Fels und Nebelweben,

von spiegelnd Seen im Abendlicht
und flechtgem Astgerippe,
vom Bach, der durchs Geblock sich bricht,
von Rast auf wilder Klippe;

dort kuscheln wir uns eng zu zwein
und schaun hinaus ins Weite.
Der Wind tanzt wirbelnd um uns drein
und singt: ich lieb euch beide.

Herbstlicher Reigen

Üppig ist der herbstlich Reigen.
Rot und gelb an allen Zweigen
wird verschwenderisch gemalt.

Ach, mir reichen kaum die Sinne,
nur zu schauen halt ich inne -
Jahr, du wirst jetzt reif und alt.

Rillen im Kalkstein

Rillen im Kalkstein, entstanden durch Regen,
stetig lösend, hier seicht und dort tief,
gleich als ob emsige Hand sie schliff —
Kunst der Natur auf einsamen Wegen.

Rillen zerfurchen ihr reifes Gesicht —
ein Zeugnis viel langer Jahre der Erde.
Damit ihr Wesen auch greifbar werde,
zeigt sie's - und schämt sich des Alters nicht.

Rillen spiegeln des Inhaltes Wesen -
ein Kunstwerk von Formen mit Schatten und Licht.
Ob Kalkstein, ob unser eigen Gesicht,
stets lassen sie aus dem Innern uns lesen.

Kalksteinkarst. Sogenannte „Karren",
da sie wie Wagenspuren (Karrenspuren) eingetieft sind.
Lias-Kalkstein im Rudeswald der Rudes-Sennes-Alpe südöstlich
St. Vigil / Enneberg in Südtirol, in ca. 2000 m Höhe.
Foto: 12.07.1991

Herbst und Winter

Ach Herbst, du hast das schönste Kleid
des Jahres angezogen.
Du bietest Farben satt von Gold,
den Arm obstschwer gebogen.

Du bietest allen, was du hast,
verschenkst sogar dein Kleid,
entledigst dich fruchtschwerer Last
vor klirrend eis'ger Zeit.

Du gibst dem Boden ab dein Laub,
dass es die Kleinsten schützt
und fein vermischt mit Erd und Staub
noch den Mikroben nützt.

Es sagt der Mensch so gern von dir:
sie trügt, die Farbenpracht;
sie weist uns nur die Schwell' der Tür
zum Tod der Winternacht.

Ich seh im Winter nicht den Tod,
der alles sterben lässt,
die Lande überzieht mit Not
und Frost schickt tief ins Nest.

Ich seh im Winter — Ruhezeit;
so wie der Schlaf der Nacht,
so wie der Stille Einsamkeit
die Seele ruhig macht,

— das Plätzchen, das die Seele sucht,
weitab allein im Wald,
hoch über alter Bäume Schlucht,
wo Alltagslärm verhallt,

— den Augenblick, in dem man ruht,
tief in sich selbst gekehrt,
und sucht, ob man das rechte tut,
kein Unrecht, Leid beschert.

Das seh im Winter ich und freu
mich, nach des Herbstes Glanz,
unabgelenkt durch bunt Natur
auf innre Stille ganz. –

Aus Schlaf und Stille wächst uns leis
die neue, tiefe Kraft,
die das Geschick zu nehmen weiß
und frohen Vorsatz schafft.

Yellowstone Park/USA 27.09.2013 mit herbstrotem Skunk brush / Rhus trilobata beim ersten Schnee

Lebenswunsch

Schenk dem jungen Menschen Kräfte,
alle guten Lebenssäfte
Denn er will die Welt ernähren,
sich im Lebenskampf bewähren.

Doch dem alten gib das Maß
wahren Lebens, Sinnenspaß.
Geist und Sinne sei das höchste,
was du für uns hast, und beste.

Kraft dient nur, um sich zu schaffen,
was man braucht im Lebenstag.
Doch wer weise ist, der mag,
wenn die Kraft beginnt zu schlaffen,
auf des Lebens hohen Wiesen
nur noch Geist und Sinn genießen.

★   ★   ★

Lass auf unsres Lebens Gipfel
keine Schatten auf uns fallen,
reif und weise, sichtbar allen,
Mut zulachen hoch vom Wipfel!

Lust auf dich

„Lust auf dich" –
stand auf dem Herz,
traf mich grad im Liebesschmerz,
traf mich in der höchsten Pein.
Drum fiel ich auf dich herein –
dich Sonnenschein.

Malochen

Arbeit heißt Malochen, Plagen,
hinterm großen Geld herjagen.
Lust auf Arbeit – eine Mär –
gibt's bei Vielen längst nicht mehr.
Daran krankt die Zeit so sehr.

Schlaukopf

Michi hat sich mit Tomate
just das weiße Hemd verspritzt.
Anstatt dass er schnurgerade
schnell zur Toilette flitzt,
sprayt er's rot und lacht verschmitzt.

Siebzig

Siebzig ist ein schönes Alter,
du bist deiner Zeit Verwalter.
Mach aus ihr das Beste draus,
füll mit deinem Sinn dein Haus.

Orientalischer Himmel

Wer im Gemüte krank muss darben
und kann die abendlichen Farben
des orientalisch Himmels schlürfen —
des Seel' wird wieder lachen dürfen.

Lippenglaube

Gott wohnt im Herz und blickt durchs Auge.
Den Mensch beeindruckt Lippenglaube.

Februarlicht

O klarhelles Licht im Februar,
du machst uns die Winternachtsträume wahr.
Du kündigst von sonnendurchwärmter Zeit
nach klirreisigfrierender Dunkelheit.

Darmspiegelung

Mein Internist will heut was sehen
über mein Rectalergehen.
So werde ich von Rosenwasser
innen ständig nass und nasser.

Rosenwasser magenpeinigt,
doch das Innre wird gereinigt,
bis der Punkt kommt zum Ergießen
und rectalem Überfließen.

Man muss glauben, es sei Gutes,
fleißig trinken stillen Mutes,
und das Ganze immer mehr,
bis sein Innres gänzlich leer.

Schöner ist danach das Spiegeln,
man kann sich im Traume wiegeln,
fühlt das innere Durchbohren
von dem Anus gen die Ohren.

Knapp erhascht man auch ein Bild
von der Darmdurchfahrung wild,
denn der Bildschirm ist gedreht
zu dem fleißgen Arzt, der steht

am rectalen Ende des Patienten.
Hohe Kunst in seinen Händen
sieht so manchen Divertikel
und Darminhaltsrestpartikel.

Schließlich ist alles geschehn,
und man hat etwas gesehn,
was man selbst nie sehen wird,
denn kein Aug hat sich verirrt
jemals in rectale Lage,
das wär doch zu viel der Plage. —

Taumelnd noch vom Dormicum
sieht man rund um sich herum
zottige Darminnenwand,
nie hat man sich so gekannt.

Freudig über alle Maßen
wird man darmperfekt entlassen,
kennt ein Stück von sich jetzt mehr –
intressant war das schon sehr.

Steh auf und säume nicht

Stell dir vor, dein Tod sei nah,
stell dir vor, dein Gott steht da
und fragt dich:
Hast du dem Leben gut Inhalt gegeben
und würdest du es noch einmal so leben?

Wenn nicht, so steh auf und säume nicht mehr
und eil deinem besseren Sinn hinterher,
und schenk deinem Leben freudigem Mut!
Was Begeisterung tut, wird allemal gut.

Jammer

Wer jammert, der sieht all das Schöne nicht,
was das Leben täglich ihm schenkt.
Er wandelt im Schatten und flieht dem Licht,
und fühlt sich, so lichtlos, gekränkt.

Wer jammert ist anspruchsvoll und verschmäht,
was der Himmel so reichlich vergießt um ihn her.
Er erkennt nicht, dass das, was sich bietet, vergeht.
Und das, was er *nicht* hat, ist sein Begehr.

So wird er stets jammern, auch wenn er erhält,
was hie und da er begehrt.
Bald findet er Neues, was ihm so sehr fehlt
— des Martyriums ew'ger Gefährt.

Wahres Glück

Ein beglückt Gesicht zu lesen
ist das schönste, was uns Wesen,
uns, dem Mensch gegeben ist.
Wer die Welten fern durchmisst,

wer beseelt ob all der Pracht,
die die Erd so schätzbar macht,
merkt, was ich da aufgenommen,
ist als Glück doch erst vollkommen,

nicht, wenn ich mich selbst drin sonnte,
wenn ich's weitergeben konnte —
weitergeben einem Wesen,
das mein Glück vermag zu lesen.

Das allein kann mich erfüllen,
meines Forschens Sehnsucht stillen.
Glück ist wahres Glück nur dann
wenn man's freudig teilen kann.

Kriegskindheit

(75 Jahre Kriegsende)

Als Kind des Krieges spürt' ich die Angst,
Die Angst vor dem Ungewissen.
Sirene, der Ton, den einst du mir sangst,
er hat mir die Seele zerrissen!

Ich hab es ja nur der Eltern Gesicht,
dem angstvollen Blick abgelesen,
der Mutter, als sie den Schlummer mir bricht
– wie war ich doch müde gewesen.

Noch als sie mich anzieht, versink ich in Schlaf,
neu weckt mich das Schwallen der Töne.
Ich sah dich als Tier, halb Reh und halb Schaf.
Du nahmst meinem Schlaf alles Schöne!

Im Kellerraum lagen wir flach auf dem Bauch.
Die Nachbarin jammert und betet.
Mein Schwester, sie wollte ihr Stoffhündchen auch,
und fleht, dass jemand es rettet.

„Ruhe bewahren!" So mahnten uns ständig
des Luftschutzwarts heftige Worte.
Dann wieder Stille und Weinen inwendig
am spannungs- und angstvollen Orte.

Da brach in mir eine Sehnsucht hervor
nach Frieden und Freiem und Weitem.
Ich war voll Entschluss: hinaus aus dem Tor
unendlich weit auszuschreiten,

ganz weit, weit fort in heimliche Gründe
der Alpen verborgene Schluchten,
wo Bomber und Panzer und grausam Armeen
den „bösen Feind" nicht mehr suchten.

* * *

Und damals, im Frühjahr — wir blieben verschont.
Den Nachbargrund hat es getroffen.
Das Bitten und Beten, es hat sich gelohnt
im Zittern und Warten und Hoffen.

Des bin ich voll Dank! — und seh kaum zurück
auf die schwarz-weiß-und-blutroten Zeiten
als des Reichs-Volksempfängers Soldatenmusik
wollt mein kindweiches Dasein begleiten.

Doch heut' tut es weh noch durch Seele und Herz,
wenn eine Sirene zu heulen beginnt.
Ich könnte weinen und toben vor Schmerz.
Ob diese Angst in mir jemals verrinnt?

Sie wird nicht verrinnen und braucht es auch nicht.
Die Finsternis wich ja dem warmhellen Licht. —
Und ich konnte weit in die Einsamkeit fliehn,
mein Leben lang nur durch Gutwelten ziehn.

Gebet

Gott lass mich stets die Erde lieben
und eifrig mich darinnen üben,

dass, was Du wundervoll erbauet
und was mein Aug erkannt, geschauet,

ich freudig andern weitergebe,
damit die Lieb zur Erde lebe,

und wir auch die Gesetze sehen,
die Erd und Lebenskreise drehen,

auf dass wir sorgsam sie erhalten,
die Erd als wertvoll Gut verwalten.

Sandstein mit dunklen Limonitbändern / Oberpfalz

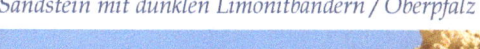

Lebensgeister

Die liebsten Wünsche für dein Leben
reich beseelt von guten Geistern,
die mit dir in allen Zeiten
durch Ideenwelten gleiten,
helfen, deinen Weg zu meistern,
Weg voll Mut und emsig Streben!

Wunsch für den Ruhestand

Was große Liebe einst golden erträumt,
den Wirren der Zeit und den Kindern gegeben,
durch beruflich Gedränge und Pflichten versäumt,
was beide vergessen, und kaum mehr erlebten,
das öffnet sich heute den beiden Hochreifen.
Nur müsst ihr die Chance beim Schopfe ergreifen!

Via Mala

Schroff Felsen tief schluchten,
alt Burgmauern krönen,
schwer Wogen sich wuchten
und Mahlsteine stöhnen.

Der Schiefer vor Last
des Gebirgsdrucks zerknickt,
der Rollstein in Hast
im Kluftspalt sich zwickt.

Die Wege sich scheu
am Felsabsatz winden -
das lässt mich stets neu
lustschaurig empfinden.

Bilanz

Addiere die Zeit,
in der du gelacht,
und dann die Tage
voll Kummer und Nacht.

überwiegen die letzten,
dann tausch den Märtyrer
in deinem Wesen
mit dem Freudenverführer.

Pflichtfrei

Das Kind, so zart, wird von Pflichten verschont.
Für pflichtvolle Tat wird der Alte belohnt,
von ihr entpflichtet und also befreit —
so gleichen sich Kindheit und Greisenzeit.

Rötelzeichnung: Schikh im Fluss

Im Fluss

Alles ist im Fluss,
doch ich schweb' standhaft still,
weil es mein Leben will
und ich drin ruhen muss.

Schnell eilt der Fluss vorbei,
ruht nie und fließt und fließt,
weiß viel, was ihr nicht wisst.
Euch sei das einerlei.

So ist auch alles Leben,
voll durchziehender Welt.
Das Quant, das euch gefällt,
mag euer Gott euch gegeben.

Seeranne

Du bist - beseh'n im rechten Lichte -
wie ich ein Stück der Erdgeschichte.

Dein Glück, du blühtest dicht am Wasser.
Dein gläsern Grab ist desto nasser.
Du bleibst dort reduziert,
vortrefflich konserviert.

Und wirst du einst gesteinsbedeckt,
wirst du zu Kohle, tief versteckt. -
Vielfältig Zufall schreibt,
was Erdbestandteil bleibt.

Doch ich genieß im Abendlichte
den Augenblick der Erdgeschichte.

Seerannen bei Nieselach im Gailtal/Kärnten. Foto: 07.09.1994

Rannen sind umgestürzte Bäume, Seerannen in einen See gestürzte Bäume. Sie sind dort unter Reduktion sehr lange haltbar, können also fossil werden. An Hand ihrer Jahrringe oder der Holzsubstanz kann dann nach Jahrtausenden ihr Alter bestimmt werden.

Hochzeitsjubiläum

60 Jahre Hand in Hand,
Hochzeitsfest in Diamant,
Zeit, die innig Euch verband.

Hohe Zeit bedeutet Glück,
Überschwang und tausend Wonnen.
Blickt so oft Ihr könnt zurück,
um Euch in dem Glück zu sonnen.

Hohe Zeit heißt, dass daneben
es auch Lebenstäler gibt.
So viel Glück kann niemand geben,
dass man lebenslang verliebt
nur durch rosa Welten taumelt
und sich ew'ger Lust hingibt.

Doch sind Lebenstäler endlich.
Unwetter, die noch so schändlich,
wechseln mit der Sonne Licht.
Abgrund, der uns dornendicht,
scheusal-, qualerfüllt anficht,
weicht, wo sonnig Fels einbricht.

Eines gilt es streng zu meiden:
Tiefe Ebenen des Lebens.
Wenn es nicht gelingt beizeiten,
Hügel darin auszubreiten,
war die hohe Zeit vergebens.

Hohe Zeit lässt sich nicht halten
über alle Jahre hin.
Doch ein Stück davon verwalten
und sie stets im Herz behalten
trägt hoch über Tiefen hin.

Hohe Zeit bedeutet Glück,
Überschwang und tausend Wonnen.
Unser Wunsch ist: Blickt zurück,
um Euch in dem Glück zu sonnen,
um es täglich zu erneuern,
es zu pflegen und genießen.

Sollte es dann enden müssen,
so sollt tröstend Ihr doch wissen:
Der durchs Leben Euch begleitet,
hat Euch Bestes vorbereitet.

60 Jahre Hand in Hand,
Hochzeitsfest in Diamant,
Zeit, die innig Euch verband.
Unser Wunsch ist Glück unsäglich,
hohe Zeiten, reich und täglich.

Blond

Blond sein muss nicht dumm sein heißen.
Stein heißt noch nicht Steine schmeißen.
Lippen wölben doch heißt schmollen.
Lust heißt, bald vernaschen wollen.

Sinnesschäume

Laue Nächte, süße Träume,
süßer Duft der Mandelbäume,
meine Lippen, deine Brüste,
die ich unaufhörlich küsste,
wandeln Sein in Sinnesschäume.

Bierlustzeit

Wenn an sonnigheißen Tagen
uns die Füße endlos tragen,
und wir finden eine Linde,
flotte Kellnerin geschwinde,
ist es wiedermal soweit:
Wonnevolle Bierlustzeit.

Erfüllt

Lichter, Farben, Menschenreigen,
Freunde, die Begeist'rung zeigen.
Auge, das dem Auge lacht,
geisterfüllte Festtagsnacht.

Höchstes Glück

Höchstes Glück bei einem Paar
sind die Plätze, die mit Haar
zart bedeckt, geschickt versteckt.
Welch schöner Reiz, lugt was hervor,
so der Saum von deinem Ohr.

Sinnerfüllt

Ein Spruch voll Sinn und schön zugleich
zeigt mir ein Stückchen Himmelreich.

Wüste und Eisberg

Wenn die Wüste
dieses wüsste,
dass es Berge gibt aus Wasser,
würf sie sich vor Durstgelüste
einem Eisberg an die Brüste,
saugt ihn gierig aus und küsste,
bis sie nass und immer nasser
— da er gänzlich schmölz zu Wasser —
tief beglückt sich trennen müsste.

Nächtliche Ideen

Ich hatte dereinst ein arges Problem:
Was machte ich, wenn des Nachts ein Poem
befiel meinen halbverschlafenen Sinn?
Ich würd es gern schreiben, wohin denn, wohin?

Zum Aufstehen wäre ich viel zu müde,
den Nächsten zu stören, wär allzu rüde. —
Ich müsste es einfach auswendig können,
der Schlaf dürft mich von dem Verse nicht trennen,
denn aus dem Auge hieß aus dem Sinn.
Am nächsten Morgen wär alles dahin.

Ein Stift, der leuchtet, das war die Idee,
so dass ich des Nachts seine Spitze seh.
Ein Block auf dem Nachttisch dazu, nicht zu klein,
die fangen urnächtliche Reim-Ideen ein.

Jetzt liege ich ruhig und denk oder schlaf.
Wenn's Hirn produziert, dann kritzle ich brav.

Der Scheideweg

Sollt' man sich dem Übel stellen
oder sollte man ihm fliehn?

Besser ist es, dem, das Leid bringt,
sich beizeiten zu entziehn.
Kampf dem Übel hat nur Sinn,
wenn die Chance auf Gewinn
auch nur ganz entfernt besteht.

Fühlst du erst, dass dir zergeht
Lebensmut und frohes Sinnen,
fühlst du Kraft in dir zerrinnen
und das für geraume Zeit,
dann sei innerlich bereit,
dich von dem unguten Wesen
wohlbedacht und ganz zu lösen.

Sei's ein Chef, ein Freund, ein Kunde,
sei's ein Ständ'ger in der Runde,
sei's ein Partner, sei's ein Lehrer,
sei's ein ungeliebt Verehrer.

* * *

Bösem, das stets wiederkehrt,
dich mit Widrigkeit beschwert,
wirst du niemals unversehrt
widerstehn. Drum ist's verkehrt,
zeitvergeudend und betört,
ihm zu trotzen; es beschert
nichts als Leiden und zerstört.

Vielmehr Freude widerfährt
dem, der Schönes heiß begehrt,
auf die inn're Stimme hört,
sich der Düsternis erwehrt,
Gutem, Hellem zugekehrt.

Innerer Zwiespalt

Schreib keine Gedichte,
gib gar nichts heraus,
sonst macht man zunichte
dich, lacht man dich aus.

* * *

So fass dir ein Herze
und schreib, wie dir's kommt.
Es sei dir zum Scherze,
wenn's andern nicht frommt.

Schwatz und Zeitnot

Wo kann man erhebliche Zeit einsparen?
Nicht so viel reden.
Ersetze mit wenigen Worten, und klaren,
breites Zerkneten.

Für den eigenen Zeitplan ist Plappern unlöblich.
Die Zeit fehlt dir hinten und vorn unsäglich.

* * *

Wenn wieder ein heißer Gedanke dir brennt,
denk erst, dann sprich, und im rechten Moment.

Sprich einfach und kurz mit Bedächtigkeit,
dann sparst du dir und dem Nächsten Zeit.

* * *

Doch immer nur kurz und knapp scheint nicht recht.
In der Muße kurz angebunden wirkt eher schlecht.
So nimm dir ein Stündchen zur richtigen Zeit,
zum Schwatz mit dem Schätzchen gemütlich zu zweit.

Almrausch

Bei dir liegen und dich schmusen,
spüren nichts als Haut und Busen,
weiches Haar und Hautgeruch,
Waldgras — moosig grünes Tuch.

Um mich ist die Welt versunken,
und ich sauge liebestrunken
deinen Atem, hautlich Glück —
nichts bringt mich zur Welt zurück.

Ganz tief, weich in dich versinken
deiner Küsse Wollust trinken,
deiner Wimpern zartes Spiel
— duftdurchhauchtes Maigefühl.

Deiner Äuglein warmes Leuchten,
glüh'nder Wangen Freudbefeuchten
glückdurchrieselt mich zartwarm
— fester noch greift mich dein Arm —

lässt die Haut zartfeucht benetzen
— weg die letzten Kleiderfetzen.
Haut hauteng an Haut geschmiegt,
wie geschmeidig sanft sich's biegt.

Bald entströmt es allen Poren,
süßer Schweiß, von Lust erkoren
netzt die Haut, netzt alle Lücken,
schmerzlos kannst du mich jetzt drücken —
und ich spür ein innig Wandern
durch den Hautfilm hin zum andern.

Deiner Seele Freudgedanken
brachen mir die letzten Schranken —

ach mein ganzer Leib erbebt,
schwimmt dahin, als ob er schwebt —
deines Wesens freudig Schwingen
fühl ich durch die Poren dringen —

welch ein Einklang mit dem meinen!
Dich, nur dich brauch ich, sonst keinen —
nichts mehr denken, nur noch fühlen —
tief verschmelzen im Zerwühlen.

Neugierige Echse, Gallotia galloti, Weibchen

Plötzlich wird's in mir ganz stille —
langsam kehrt zurück mein Wille,
doch er will nichts — nur genießen,
seh um mich nur Blüten sprießen.

Weich entspannt bin ich gebettet,
vor der Alltagswelt gerettet,
weit gerückt in ferne Welten,
wo nur Glück und Frieden gelten.

So lieg ich noch lang genießend
glückbenetzt dir Wangen küssend,
und mein Leib, er atmet Ruh —
nur die Echse schaut uns zu.

Langsam spür ich um mich Leben,
Vogelzwitschern, Waldesweben.
Leis geweckt von deinen Küssen
spür ich Laub an meinen Füßen.

Ach, du Welt, so nimm uns wieder!
Meiner Träume Liebeslieder
lass ich dir, du schatt'ger Wald.
Bewahr sie gut — ich komme bald.

Waldrebe

Einst seid ihr an fremdem Stamm des Lichtes wegen
hochgeklommen nur der hellen Sonn entgegen,
habt euch viel von dessen edler Kraft geliehen,
seid mit seiner Hilfe prächtig dann gediehen.

Diesen Stamm, jetzt winterschlafend stille,
ziert zum Danke fruchtstandreich in Fülle
eine Traube wirrer Köpfchen, zierlich grau,
leuchtend vor des Schnees mildem Blau.

Lehr-Vorstellungen

Die Menschen reden immer mehr,
und weniger ist das Ergebnis.
Oft bleibt die Vortragshalle leer.
Die Treffen sind mehr Frusterlebnis
denn Vorsatz- und Begeistrung-fördernd.

Sind das nicht klare Zeichen?

Sich weit verbreitend, viel erörternd
vom wahren Kern weit abzuweichen
ist breite Mode, heißt Reform --
der Zeitverschleiß dient ihr als Norm.

Was ist es, was uns wirklich fehlt,
was Studis wie Dozenten quält?

- Das überzeugte, klare Wort.
- Die Schule, lenkend, Wege weisend.
- Die Selbstbeschäftigung, der Ort
der Tiefgedanken, um sich selber kreisend.

Ich weiß, das ist heut gar nicht Mode,
wer Stille sucht, gilt als marode.
Ein Mensch, viel mit sich selbst beschäftigt,
gilt als psychosomatisch krank,
denn alles rennt umher geschäftig
zu Workshop, Session, Brainstormbank.

Dort diskutiert man Worte hehr und breit,
man gibt sich interdisziplinär,
ein jeder rezitiert gescheit,
doch allzu oft ergebnisleer.

Was gibt es viel zu reformieren?
Aus Alt mach Neu, das kennt man schon.
Trotz eifrig, wichtig Deklamieren
erkennt den Vater man im Sohn.

Was unsre Ausbildung bedarf,
ist ururalt und lebt so fort.
Es braucht nicht größern Geistes scharf,
nicht Reformierens, nur ein Wort:

Die kurzfristig ins Leben gehn,
sie brauchen straffes Kurzgeleit.
Die viel lieber auf Forschung stehn,
viel Einsatz und Betreuungszeit.

Was gilt es da, viel Wege suchen,
längst übt man das Land auf Land ab.
Nur die, die gern sich ehrbetuchen,
die eifern um den Kranz am Grab.

Der Auftrag Forschung und die Lehre
sie bleiben unser höchstes Gut,
und der erwirbt sich hohe Ehre,
der ihr die besten Dienste tut.

Und hütet euch zu überladen
die Treuen, die sich anvertraun.
Zu viele Pflichten wirken Schaden,
wenn Selbstentfaltung sie verbaun.

Es geht drum, Menschen zu begeistern
für lebenswerte Gutideen,
das Leben angeregt zu meistern
und mutvoll in die Zukunft sehn.

Statt vieler Worte suchet Taten,
die wirksam für das Wie und Was,
dann wird das Leben recht geraten
im Geist der Universitas.

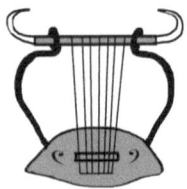

Winterschein

Wenn an hellen Sommertagen
Eindrücke sich überschlagen
an Befunden reich und mächtig,
geht in uns, gedankenträchtig,
viel Ideengut verloren.

Doch es bleibt nicht ungeboren:
Was im Sommer wohlvergraben
wir in uns geborgen haben,
stellt im zarten Winterschein
als Idee sich wieder ein.

Dass sie sich nicht mehr verliere,
bring sie alsbald zu Papiere.

Winterstimmung um Wolkenstein 12.02.2009

Reden und Schweigen

Viel reden heißt nicht auch viel wissen.
Tief lieben heißt nicht auch viel küssen.
Doch Wort und Kuss im rechten Augenblick
verheißt die Krone manchem Lebensglück.

Mein Schweigen hat mir nicht geschadet,
auch wenn die schwere Zunge es erzwang.
Der sich so gern in Reden badet
und redet fast ein Leben lang,
kennt den Ertrag des Schweigens nicht.

Was für die Dunkelheit das Licht,
ist für das Reden stilles Schweigen.
Denn meist im Stillsein will sich's zeigen,
das Licht, das dem Verstand aufgeht.

Tief schweigen, bald bedacht beredt,
ist dem wohlreifen Weisen eigen.

Begegnungen

Ich seh überm Bettchen ihr gutes Gesicht,
die erste Begegnung im Leben.
Den ersten mutigen Schritt hat mir Wicht
die Hand der Mutter gegeben.

Der Vater hat von der Welt mir erzählt,
von Lustigem und von Gefahren,
wo's schwierig ward, hat den Pfad er gewählt —
klar Führung in frühjungen Jahren.

Der Lehrer wies zur Geduld mir den Weg,
zur Ordnung im Chaos des Wissens.
Er gab mir das Rüstzeug zum schaukelnden Steg
des Den-Weltstrom-Bezwingen-Müssens.

An des Freundes Seit hab Mut ich gefasst
zu durchtoben der Welt reiche Werke.
Von den einen geliebt und den andern gehasst
erfuhr ich der Zweisamkeit Stärke.

Mein Liebchen — es zeigt' mir die wirrbunte Welt
von Lieblichkeit sonnübergossen.
Das Leben erlebt ich, wie's zwiefach gefällt,
von Liebesschauer durchflossen.

Nun sitz ich vor dir, du lieburalte Erd',
auf einsamem Fels, horch und lausche.
Was du mir erzählst, macht dich mir zum Gefährt;
so flüster' nur zu mir und rausche,

rausch zu mir aus wirbelnder Bäche Flut,
aus talwandaufsteigenden Winden,
verrat mir den Weg in des Abendscheins Glut,
neu Erdgeheimnis zu finden.

Früh lernt' an der Mutter ich, dein Gesicht
in allen Winkeln zu lesen.
Vom Vater weiß ich, wie man sich erficht
den Weg hin zu dir, deinem Wesen.

Vom Lehrer erhielt ich die nöt'ge Geduld,
dir zu lauschen und Ordnung ergründen,
vom Freunde die Treue, vom Liebchen die Huld,
stets gut dich und lieblich zu finden.

So sitz ich vor dir, du lieburalte Erd',
lausch still, dich auch recht zu verstehen,
weiß alle Begegnungen waren mir wert,
drin lernt' ich dich lieben und sehen.

Und wenn ich dereinsten mein Liebchen mitbring',
dann sitzen wir vor dir und lauschen,
und wenn ich das Loblied der Erde dir sing',
hebt an ein geheimnisvoll Rauschen —

rausch zu uns aus wirbelnder Bäche Flut
aus talwandaufsteigenden Winden,
verrat mir den Weg in des Abendscheins Glut,
neu Erdgeheimnis zu finden.

Wintersonne

Manchen Mensch erfasst ganz sacht
in lichtarmer Winternacht
melancholisch tiefe Schwere,
alle Sinne gehn ins Leere.
Fehlt ihm doch die Sommersonne
und mit ihr die Lebenswonne.

Doch es gibt auch umgekehrt
Leben, das allein erfährt
Sonnenstrahlen nur im Winter,
und sich deshalb freut wie Kinder
auf die Wintersonnenzeit,
die befreit vom Schattenleid:

Golden mildes Sonnenlicht,
das durch kahles Astwerk bricht,
dringt im späten Tagesschein
tief in Waldesdunkel ein,
bringt dem moosig Fels, dem feuchten,
einzig jetzt ein warmes Leuchten.
Niemals sonst im Jahreslauf
geht solch Fleck die Sonne auf.

Gutes will ein stetig Wandern,
mal zum einen, mal zum andern.
So trifft auch den ärmsten Wicht
irgendwann das Sonnenlicht.

Rheinforschers Schicksal

Den Rhein zu erfahren
in freudreichen Jahren,
seit wann er begründet,
was er uns verkündet
aus erdalter Zeit,

wo einst er entsprungen,
welch Berg er durchdrungen,
welch Hang er zertreppt,
welch Stein er verschleppt,

wie meerwärts er eilet,
im Delta sich teilet –
sind Freunde, Kollegen
auf steinigen Wegen
wissgierig bereit.

So galt es die alten
Gebirgsrumpfgestalten,
durch die er sich windet
in Schluchten und Becken,
wo Gräben er findet
und Durchbruchsstrecken,
vom Bergsturz gestaut,
manch Gletschern enttaut,
quellauf zu entdecken.

Und ist es gemeistert,
so sind wir begeistert
und schreiben am Ende
ideenvolle Bände.
Doch sehn wir den Fragen-
topf wenig geleert:
Erkenntnis hat immer
schon Fragen vermehrt.

Du Rhein wirst's verzeihen
und lächelnd dich winden
den homo quaerens
gar sonderbar finden,
den Steinklopfer lieben,
den Ingenieur hassen,
weil er dich bindet
weit über die Maßen.

Ob römisch, ob fränkisch
ist dir nichtig und gleich,
ob gar europäisch,
ob kleinstaatenreich,
du lächelst geheimnisvoll,
wissensreichschwer
und nimmst all dein Wissen
hinaus mit ins Meer.

Dem Augenblick leben

Dem Augenblick zu leben
ist bester Zeitgewinn.
Der hat viel Zeit vergeben,
der stetig trägt im Sinn,

was ihm die Zukunft brächte,
was man ihm angetan,
das uralt Ungerechte —
das ist nur Zeit vertan.

Natürlich sollst du lernen
aus Fehlern alter Zeit,
aus jungen und aus fernen
Missgriffen, die mehr Leid

als Freude dir einbrachten,
manch Spott und Worte hart,
weniger Licht denn Schatten —
gern hätt man sich's erspart.

Natürlich sollst du planen,
das ordnet deine Zeit.
Doch ängstliches Vorahnen
bringt dir nur sinnlos Leid.

Es nimmt dir gute Tage
gesunder Gegenwart.
Der ist voll Zukunftsplage,
der nur in Angst verharrt.

Den rechten Blick nach hinten,
den rechten Blick voraus.
so wirst dein Glück du finden,
zieh froh geradeaus.

Bedenk, es gibt kein Leben
ohn Umweg, falschen Tritt.
Du musst dir auch vergeben.
Setz still dich hin und bitt,

dass dir der Sinn gegeben,
dein Umfeld recht zu sehn,
dem Augenblick zu leben,
ihn als Geschenk verstehn.

Bücherwurm

Lust auf Bücher, Lust auf Forschen
in vergilbten, edlen, morschen
Folianten, die verraten,
was die Alten dachten, taten,
ist mir ein Stück Lebensglück.

Ein einziger Tropfen

Was nur ein einz'ger Tropfen kann,
weiß jede Frau und jeder Mann.
Drum steht, wer Teller spülen will,
voll Achtung vor dem Tropfen Pril.

Sinnerfüllte Zeit

Es ist ein hohe Kunst, mit Sinn
die Zeit zu füllen allezeit.
Und für das Herze ist's Gewinn,
fein Schmuck endloser Ewigkeit.

Liebespfade

Liebe geht verschlungne Pfade,
manchmal krumm, manchmal gerade.
Ach, wie süß peinigen Pfeile!
Wenn sie treffen, lustverweile.

Hieronymus Bosch: Garten der Lüste (Ausschnitt) (um 1500).
Original im Prado (Madrid). Foto aus einer Wiedergabe in Santa
Fe/USA: W. Schirmer 04.10.2017

Forchheim – das ewige Tor zum Osten

Forelle ist mir lieber,
die Föhre sei auch recht,
denn beide Wappenzeichen
stehn Forchheim[1] gar nicht schlecht.

Forelle fürs Gewässer,
die Föhre für den Sand —
doch fehlt hier noch ein recht Symbol
fürs Tor zum Felsenland.

— — —

Hart an des Wendlands Grenze
schützt Forchheim Frankens Reich,
sucht Handel, Tausch und Partner
aus dem Gebürg zugleich.[2]

So mancher Forchheim-Franke
nahm sich ein windisch Weib.
Vielleicht lag der Gedanke,
dass er sich einverleib

die Güter dieser Wenden,
forellenreiches Land
und Wälder, die nie enden,
nicht so weit von der Hand.

Fremdländisch reizt schon immer,
die Wendin sah sich satt,
wie gut die Franken lebten
in ihrer stolzen Stadt.

Da trifft ein hart Gesetze:
Freist du die Wendin dir
sieh, dass sie nicht verletze,
die fränkisch Weis und Zier.

Verleih ihr einen Namen
nach christlich Art und Stil,
lehr Bitt sie, Dank und Amen
und was der Bischof will.

So mischten sich die Franken
und Wenden quer durchs Land.
Es fielen bald die Schranken
an Forchheims östlich Rand.

— — —

Zog vor zwölfhundert Jahren
der Menschenstrom talauf
ins Wendland einzufahren
zu Fels, zu Tal und Trauf,

sich eine Maid zu schauen,
die Götter anzusehn,
Fibel für Stein zum Bauen,
am Quell sich zu ergehn.

Dort opfert man hochheilig
dem Schwantewitz und Flinz,
leis staunt der Frank da freilich,
gar fremde Götter sind's.[3]

Und ihre hehr Gesänge
erfüllten Fels und Tal,
Man trank, ertrank die Klänge
in Met aus hohler Schal.

— — —

Zieht *nach* zwölfhundert Jahren
der Menschenstrom talauf,
zur „Fränkischen" zu fahren,[4]
zu Fels, zu Tal und Trauf

aus Nürnberg, Fürth und Bamberg
tief ins Gebürg hinein,
Forellen zu erhaschen
und Rast am kühlen Stein.

Dort gibt es keine Woche,
da nicht ein Fest verläuft,
bei dem man auf den Kellern[5]
die Sünd in sich ersäuft.

Und wenn wir heute sitzen
an Keller, Höhl' und Hüll,[6]
sehn singend Völkchen schwitzen,
dacht ich oft in der Still:

Wer ist denn hier der Wende,
wer wohl der einstge Frank?
Die Antwort fand erst Ende,
als sie im Krug ertrank.

Wie einst, ist's hier noch heute,
das Wendland feiert laut,
ein Strom viellustger Leute
lacht, trinkt, genießt und schaut.

Hart an der „Fränk'schen" Grenze
liegt Forchheim ewig reich,
ein kulturelles Kleinod,
Tor zum Gebürg zugleich.

Viel hat sich nicht gewandelt,
nur mancher Name wich,
aus Wendland wurde Fränkische —
die Zeiten gleichen sich.

---

[1] *Zu Forchheim wird diskutiert, ob die „Forche" eine Föhre sei oder eine Forelle (Kupfer: Forchheim 1960).*

[2] *Um 800 bildete die Regnitz mit Forchheim einen Teil der Ostgrenze des Frankenreichs gegen slawisch (wendisch) besiedeltes Ackerbauernland. — Dieses Land erhielt später den Namen das Gebürg — vom Regnitzbecken her betrachtet.*

[3] *Diese Götternamen sind für die Sorberwenden in der Lausitz verbürgt und könnten auch den hiesigen Wenden eigen gewesen sein.*

[4] *Die Fränkische Schweiz heißt schon lange bei den Erlangern und Nürnbergern einfach "Die Fränkische"; man fährt sonntags in die Fränkische.*

[5] *Üblicherweise geht man in den Keller hinunter. Doch in der Fränkischen Schweiz geht man "**auf** den Keller". Die Keller sind nämlich fast immer höher über den Orten in Sandsteinschichten eingegraben, so das man tatsächlich hinaufgeht, um dann dort oben vor den Kellern zu sitzen, in denen das Bier früher kühl gelagert wurde.*

[6] *Hüll (auch Hül, Hülb) ist auf der quellenlosen Fränkischen und Schwäbischen Alb eine natürliche oder künstliche abflusslose Vertiefung, in der sich Regenwasser sammeln kann — früher zur Reinigung und Viehtränke verwendet.*

Die unbestechliche Zeit

Lang wird Zeit uns immer dann,
wenn man selbst nicht handeln kann,
wenn man frisch auf froher Fahrt
stockt und scheinbar sinnlos harrt.

Alle Pläne, guter Wille,
alle stehn auf einmal stille.
Und es scheint besonders dumm,
wenn man gar nicht weiß warum.

Zeit, sie kann so lange sein
scheinbar niemals und nie endend,
wenn du wartest voller Pein
flehend dich zum Himmel wendend,
ohne Lichtblick, ohne Frist
nur zum Ruh'n verurteilt bist.

Gleichgültig, ob unbequem,
ob auf Dornen, ob auf Lehm,
warte, warte, liege still,
weil das Schicksal es jetzt will.

* * *

Kann man schalten wie man will,
steht die Zeit nicht *einmal* still.
Hat man Neues sich erkoren,
neu Ideengut ausgeboren,

ein süß Liebchen sich errungen,
ist zutiefst von Glück durchdrungen,
wünscht man: Blieb die Zeit nur stehn,
tief mein Glück mir zu besehn.

Doch die Zeit ist gnadenlos,
kennt nicht Unglück und nicht Glück,
will nie ruhn im Weltenschoß,
eilt nicht voraus noch zurück,

lebt im Gleichmaß ohne Schwanken,
kennt nicht Ungestüm noch Schranken,
weiß, dass Eil noch Rast sich schickt,
tickt und tickt und tickt und tickt.

* * *

Auf die Zeit ist stets Verlass.
Frei von Schatten, frei von Licht
füllt sie uns mit Zuversicht
durch ihr ewig gleiches Maß.

Drum fang ich mir die Sonne

Ich flieg' über die Erde,
ich fliege übers Meer,
ans Ende aller Welten
zu Bergen hoch und hehr,

zu Gipfeln starr vom Eise,
zu Schluchten abgrundtief,
vom Wasserspiel der Küsten,
zum meerversunknen Riff.

Ich saug das Licht der Sonne
bis mir ein Licht aufgeht:
Ohn sie gäbs nichts von allem,
das traumhaft mich umweht.

Ohn sie wär alles dunkel,
die Erd' von Leben leer.
Drum fang ich mir die Sonne
und geb sie nimmer her.

Bild: Strand der Biscaya bei Biscarosse/Frankreich (WS 2007)

Neues Glück

Zerbrochen sind die schönsten Tassen. –
Nach tiefem Leid und schwerem Schlag
darf man sich auch mal hängen lassen
so manche Stunde, manchen Tag.

Zeit braucht die Trauer zum Verrinnen,
Zeit braucht die Wunde bis sie heilt,
Zeit braucht das zarte Neubeginnen,
Zeit braucht die Knolle, die sich teilt

in eine alte, altgediente,
und eine neue voller Mut,
die mit Enttäuschung arg versetzte,
die neue jung und hell vor Glut.

So musst dein Herz du also teilen,
in einen alten, welken Teil,
den lass in Ruh in dir verweilen,
den andern halt für Neues feil.

Von selbst kehrt dann der Lebenswille
und Freudgefühl in dir zurück.
Du selbst bist es, der aus der Stille
sich webt ein neues innres Glück.

Rötelfels

Du hoher Fels, du stilles Tal,
nimmst mir all mein Entscheidungsqual.
So viele Fragen seh ich klar,
edle Gedanken werden wahr.
Wie gut, dass ich die Stille fand,
in dir, du glückbeseeltes Land.

Am Tisch erdrückt der Bücherturm
meine Gedanken oft im Sturm.
Wie fang ichs an, wie bau ichs auf?
Die Antwort kommt mir schwer darauf.
Voll von Ideen ist der Kopf,
doch ungegoren bis zum Schopf.

Ich flieh und eil ins Land hinaus,
lass meinen Bücherwust zuhaus.
Der Abend senkt sich übers Tal.
Ein Streif am Horizont ganz schmal
kündet des Tages letztes Licht,
ehe die Dämmerung einbricht.

Die Amsel flötet ihren Sang
so wohlbedacht und licht,
mit klarem Rhythmus, hellem Klang,
als ob sie zu mir spricht:
„Das abendstille, tiefe Tal
gibt Klarheit mir und Kraft,
die mit des Äthers Duft zumal
Erkenntnisfülle schafft."

Am Felsensitz hebt sich die Brust:
Was du mir Amsel singst,
das macht mir Mut und Tatenlust.
Wie du in mich eindringst —
das schaff ich auch, das will ich tun,
ich dank dir für dein Lied.
Lass mich noch überm Tale ruhn,
sehn, was in mir geschieht.

Wir beide werden still und sehn
zum Felsgrund von den Höh'n.
Das Durcheinander der Ideen
es endet, sich im Kreis zu drehn,
löst auf sich klar und schön.

Du hoher Fels, du stilles Tal,
nahmst mir all mein Entscheidungsqual.
Nun seh ich viele Fragen klar,
edle Gedanken werden wahr.
Wie gut, dass ich die Stille fand,
in dir, du glückbeseeltes Land.

Einer 100-Jährigen

Gott hat Dir einen Engel gesandt,
der nimmt Dich an der rechten Hand
und sagt: *„Sei nicht verwundert,*
*Du wirst **auf Erden** Hundert.*

Noch findest Du nicht Platz im Himmel.
Dort ist ein Hunderter-Gewimmel.
Das lässt mich fast erschauern —
das kann noch Jahre dauern.

Du hast ein gutes Erdenleben
und sollst noch Vielen Gutes geben.
Ich soll Dich auch durch alle Zeiten,
durch schwache, starke, treu geleiten.

Mehr darf ich nicht darüber sprechen,
sonst würd ich mein Gelübde brechen.“
So sprach der Engel, drückt die Hand
und küsst Dich leis, eh' er verschwand.

Gedanken beim Texteschreiben
wissenschaftliche wie belletristische

Frei wollen die Gedanken fliegen.
Sie lassen sich nicht gerne binden,
viel lieber hell in Träumen finden
und sich im Winde tanzend wiegen.

Doch manchmal packt dich an der Sinn:
Schaff dir doch beim Gedanken-Malen
sinnreich gefüllte Geistesschalen,
schreib, was da drängt, beflügelt hin.

Dann siehst du dich im Sessel sitzen,
in tiefe Stille eingehüllt,
von Freudgedanken ganz erfüllt,
gejagt von drängend Geistesblitzen.

Sie in die rechte Bahn zu lenken,
ist jetzt dein vordergründig Wille
und nutzen diese Zeit der Stille,
um deinem Tun gut Sinn zu schenken.

Beim Schreiben im Detail versinken,
sich an den Feinheiten betrinken,
ist schön und tut der Seele gut,
gibt neu Ideen frischen Mut.

Befunde wägen, still betrachten,
auf Deutungsmöglichkeiten achten,
verschied'ne Denkwege beschreiten,
selbst sich auf Abwege verleiten,

und schließlich eine Deutung finden,
dieselbe ausreichend begründen —
dem Tun ist tiefes Glück beschieden,
es stellt dich innerlich zufrieden.

Schlecht wäre jedoch ein Verzicht
auf Überschau und Übersicht.
Was soll man aus dem Ganzen lesen,
wo liegen tiefer Sinn und Wesen?

Manch überflüssig Einzelheiten
sollt man zur Abrundung beschneiden.
Bedenk bei allem Textbegehr:
Weniger ist manchmal mehr.

Schwerlich kommt ein Text zum Ende:
Dies möcht ich noch und das behände
an einem guten Platz einfüllen,
um den Gedankenfluss zu stillen.

Hier solltest du dich schließlich fragen:
Was wolltest ursprünglich du sagen?
Ist das nicht hinlänglich erfüllt
und längst zum Abschlusse gewillt?

Sind die Beweise klar und schlüssig?
Ist die Entgegnung nicht zu bissig?
Auch du gerätst an irrig Orte —
dann bist du froh um milde Worte.

Auch sollte man in Tag und Stunden
bedacht das volle Werk umrunden.
Und schließlich sollt man's ruhen lassen,
nach Monatsfrist es neu anfassen.

Voll Spannung liest man dann in Hast,
was man vor Wochen hat verfasst,
entdeckt bald, hier ist eine Lücke,
gerad noch Zeit, dass ich sie flicke.

Lies deinen Text dem Nächsten vor,
ganz anders hört ihn jetzt dein Ohr.
Es lauscht die innre Stimme still,
ob es ihr recht gefallen will.

Am Ende schlecht und recht zufrieden,
gib deinem lieben Geiste Ruh
und klapp die letzte Seite zu —
Gut Weg sei deinem Text beschieden.

Dann lass deine Gedanken fliegen,
versuche nicht mehr, sie zu binden,
und lass sie sich in Träumen finden
und sich im Winde tanzend wiegen.

Das Kätzchen von Pilgerndorf

Es war ein Kätzchen klein und drollig,
das Fell fein schwarz und braun meliert.
Es schrie, miaute ungeniert
mit zottig Fell so wollig.

Aus dicht Gebüsch kroch es hervor,
miaute zum Erbarmen.
Dem Herze schmerzt der Klang im Ohr,
der Schrei des süßen armen.

Gedanken schossen durch den Kopf:
Hat es denn keine Mutter?
Das arme kleine Luder,
allein, verlassen, nichts im Kropf.

Wär eine Mutter in der Näh,
so wär es bald geflohen
im Angesicht der Menschen hohen,
wenn Schutz es in der Nähe säh.

So wich es mal noch scheu zurück,
kam bald schon wieder näher
als vorsichtiger Späher.
Der Hunger nahm die Angst zum Glück.

Es schreit zum Herzzerreißen
und bettelt innig, kläglich laut.
Das geht so tief unter die Haut,
da schmölzen Stahl und Eisen.

Wir hebens auf ins Auto rein,
voll Spannung und mit Schwitzen.
Es schmiegt sich an so weich und klein,
sucht hastig nur nach Zitzen.

Es macht uns reichlich Unbehagen,
dass wir oft lang sind nicht zuhaus.
Das wär fürs Kleine gar ein Graus.
Wir wollen liebe Menschen fragen.

Miau, mio, miau, mio,
wo find ich nur etwas zum Saugen.
Die herrlich großen blauen Augen,
sie machen Hoffnung uns und froh.

In Wiesentfels sucht ich den Freund.
Die Tür war fest verschlossen.
Doch war da Wasser hingegossen —
es wollt nichts und hat nur geweint.

In Hohenpölz in Bürgers Haus
gab man uns Milch fürs Kätzchen.
Die Lissi schaut zur Tür heraus,
verliebt sich in das Schätzchen.

„Das bring ich meiner Tina heut.
Die hat ihr achtzehnt Wiegenfest
und macht begeistert ihm ein Nest.
Gewiss bringt ihr das große Freud."

So war es auch und bald war schon
das kleine süße Frätzchen,
das drollig, wollig Täpschen
in Glöckners Haus die Hauptperson.

Das macht auch uns zwei glücklich.
Nun hat die Not ein gutes End.
Wie ging doch alles so behänd.
Drum danken wir fein schicklich.

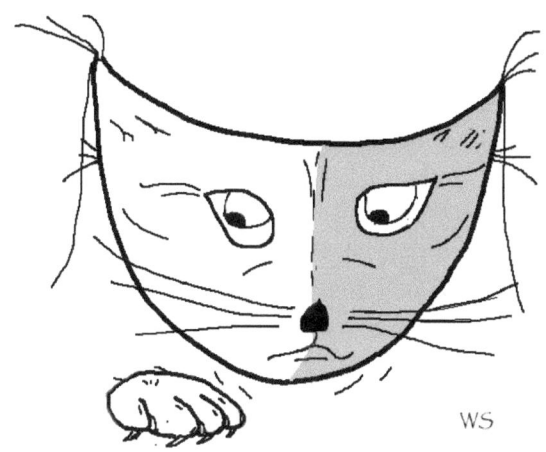

WS

Der totgesagte Winter 2017

Es gibt ihn noch, den hellen Schnee,
selbst wenn er totgesagt.
„Mein Schnee der Kinderzeit — ade“,
so wird jetzt oft geklagt.

Erwärmung kriegt die Oberhand
und bannt den Wintertraum.
Grau liegt das kahle Winterland,
er schweigt, der ästestarrend Baum.

Es ist schon recht. Es herrscht derzeit
recht lebhaft Wetterwalten.
Mal kalt, mal warm wechselt das Kleid
der Dürr- und Nass-Gestalten.

Tornados fegen übers Land,
der Apennin versinkt in Schnee.
Der Hochwasser mächtige Hand
wandelt das Tal zum See.

Es wird derzeit ganz langsam wärmer —
das war auch allerhöchste Zeit.
Die Kühle vor zweihundert Jahren,
sie brachte Hunger, Not und Leid.

Die Kleine Eiszeit wird's genannt,
vierhundert Jahre kalt,
Pest, Kälte, Hunger, Krieg und Brand
erzwang Reformgewalt.

Der Gletscher schob sich leicht talab
und quoll aus seinem Kare.
Trotz aller Kälte, hoher Not
gab es auch milde Jahre.

So fallen auch in unsre Zeit
mal wieder wilde Phasen.
Sie bringen neben Freud auch Leid,
manch Pressetext zum Rasen.

* * *

Der totgesagte Winter lebt,
Italien sinkt in Schnee und bebt,
weil Afrika — auf Winterlust —
nach Norden schiebt vor Hitzefrust.

Ein Wintertraum ward uns beschert,
erst Schnee, dann blanke Sonne.
Wer sich zum weißen Land hin kehrt,
zum Schneeglitzer mit Wonne,

der sieht ein Gleißen und ein Glitzen,
auf Felsen, Ästen und am Hang,
die Vögel turteln schon und flitzen
hellpiepsend ganz ohn' Winterbang.

Die Sonn' erweckt auch manche Fliege,
sie klettert durch den Schneekristall,
die Meise denkt: „Ob ich sie kriege?
Welch Wintermahl all überall!"

Für Kinder ist's ein Schlittenschmaus,
sie eilen, lachen, schlittern,
dick eingepackt weitab vom Haus,
trotz eisig Wind, dem bittern.

Der Schnee glitzert in tausend Farben,
er glitzert tief in mich hinein,
vertreibt jegliches Winterdarben.
Wie schön kann doch der Winter sein!

Vergessen
Sonett

Ein Gegenstand ist interessant,
sei es ein Stück, sei's ein Gedanke,
du brennst für ihn ohn jede Schranke,
weil er dich innig ihm verband.

Entweicht er deinem Kopf, der Hand,
und wurde erst mal weggestellt,
rückt er weitab von deiner Welt,
— was er ganz sicher traurig fand.

Was einst dich so besessen,
das wird, nach all Ermessen,
alsbald vergehn, vergessen.

Drum, findest du nicht Zeit,
leg ihn dir nah beiseit,
erinnerst dich bald dessen.

Wetterwendisch

Lust ist schwer zu regulieren.
Kommt sie nur auf einem Bein,
schaun wir alltagsdüster drein.
Kommt sie doch auf allen Vieren,
bricht sie mit uns Wände ein.

Eifersüchtig

Eifersüchtig zu erhaschen,
wen der Partner könnt vernaschen,
macht dich bitter, spitz und kalt
und verjagt den Liebsten bald.

Lustsünde

Lust ist kein Produkt des Geistes.
Sie ist reine Intuition.
Drum für Geistdurchdrungne heißt es,
Lust sei reine Sünde schon.

Zwei Seiten

Während ich Gedichte schreibe,
zaubert sie das beste Essen.
Und sie sagt, wer schreibt, der bleibe,
Sie würd' man alsbald vergessen.

Geschenk-Unsitte

Wer schenkt, um dann beschenkt zu werden,
missbraucht nur seinen Schenkgefährten.
Der wahre Schenker, er denkt nicht
an das Geschenk-Tausch-Gleichgewicht.

Zufrieden

Ein Leben hat dann Fug und Sinn,
wenn ich zum heut'gen Tage hin
so recht mit mir zufrieden bin.

Drum prüfe dich,
schaff flugs beiseit
jedwede Unzulänglichkeit.

Die Regnitz

Von Forchheim gegen Bamberg
zieht bogig durch das Tal
die Regnitz ihren Faden,
klar wasserhell und schmal.

Zur Rechten grüßt des Albtraufs
weiß kalkfelsiges Band,
blickt hoch von stillem Throne
hinaus ins fränkisch Land.

Die Regnitz siehts mit Schmunzeln,
sie weiß, was ihr geschah,
und was er ihr bedeutet,
der Albtrauf stolz und nah.

Sie eilt zum Vetter Maine,
nimmt unterwegs noch auf,
viel Seitenbäche kleine —
die formen ihren Lauf.

Einst floss sie weiter östlich,
näher am Fuß der Alb.
Heut fließt sie weiter westlich.
Sie weiß, warum, weshalb.

Es gab viel eisig Zeiten,
streng Frost nagt am Gestein.
Das glitt am Albrand talwärts
ins Regnitzbett hinein.

Das mocht der Fluss nicht leiden
und wich nach Westen aus
in sandiges Gefilde
steigerwaldwärts hinaus.

Doch wer wies uns die Wege
des Flusses wandernd Lauf?
Was sind wohl die Belege?
Wie kommt man denn darauf?

Die Regnitz führt Gerölle
aus Sandstein, Quarz und Flinz[1],
aus Chalcedon[2] des Keupers,
auch ein paar andre sind's.

Vor allem ist sie sandreich,
vom Steigerwald genährt,
den sie von Nürnberg nordwärts
an seinem Rand durchfährt.

Der Albrand liefert Kalkstein
von Bankkalk und vom Riff.
Es poltert in der Eiszeit
herab so manches Kliff.

Als man beim Seigendorfe
ein tiefes Loch aushub,
um Schotter zu gewinnen,
tief in den Kalkschutt grub,

da kam etwas zu tage,
was man bislang nicht fand,
tief unter dickem Kalkschutt
lag reiner Regnitzsand

mit typischem Gerölle
aus Sandstein, Quarz und Flinz,
aus Chalcedon des Keupers,
auch ein paar andre sind's.

Er war dort wohlbehütet,
vor Erosion geschützt,
durch jene Kalkschuttdecke,
die die Erkenntnis stützt,

dass Albbäche von Hängen
die Regnitz hart bedrohn,
sie so mit Schutt bedrängen,
dass westwärts sie geflohn.

Wir fragen, geht sie weiter,
die Drift nach Westen hin?
Die linken Uferdörfer
säh'n wenig Sinn darin.

Erst während neuer Eiszeit
könnt solches wohl geschehn. —
Lasst uns am Ufer sitzen,
die Landschaft still besehn

und wissen, dass solch Eiszeit
weit weg und ungewiss.
Lebt unbeschwert und glücklich
im Regnitz-Paradies.

---

[1] Flinz (Bild umseitig oben) ist feinkristalliner Quarz (SiO₂), ein älterer Name für Hornstein, Feuerstein oder Silicit. Der Name Flinz ist auf der Alb noch in vielen Flurnamen erhalten. Es ist das härteste Material, das es weit und breit gibt. Von dieser Eigenschaft hat sicher auch der wendische Gott Flinz seinen Namen erhalten. Bildbreite 10 cm.

[2]*Chalcedon (Bild unten) ist dasselbe Material (SiO₂) wie Flinz, meist leicht durchscheinend.*

Lasst's euch nicht verdrießen

Manche regen sich jetzt auf
im Corona-Zeitenlauf,
dass der altgewohnte Tag
nicht genau so laufen mag.

Ihr wollt, dass jeder Tag so blüht
wie euer Wunschdenken es sieht,
wollt flugs aus diesem Ungeschick
zum alltäglichen Weg zurück.

Lasst's euch nicht verdrießen!
Wir konnten es nicht wissen,
was tückisch uns Corona tut.
Bewahrt euch euren guten Mut!

Nehmt einfach hin, was jetzt geschieht.
Seid zuversichtlich und bemüht.
Ihr seid **so** gut! — Versucht mit Lachen
das beste aus der Zeit zu machen.

Der Wege gibt es reichlich viele,
und gute Vorbilder zuhauf.
Schlagt eure Medien mal auf.

Verliert euch nur nicht im Gewühle
der Gutideen, die dort sprießen. —

Die sich für euch verwenden ließen,
packts an mit Hoffnung, Kraft und Freud,
verdrängt den Missmut samt dem Leid.

Was kann man denn da alles tun?
Mehr helfen, anpacken wo's fehlt,
beseitigen, was lang schon quält.
Mehr Muße — träumen und mehr ruhn.

Der Seele reinen Frieden schenken,
dem Irrenden den Wagen lenken —
sein ganzes Leben überdenken
— und was kann ich noch Gutes tun?

Ich wünsch euch allen gute Zeit,
frei von coronisch dunklem Leid.

Frühling

Frühling, das ist Hoffnungsdrang,
Luft voll gelb und rotem Klang.
Will das Jahr sich zart entfalten,
hilf es, wildbunt zu gestalten.
Freud'ge Menschen singen, toben,
und die Seele tanzt ganz oben.

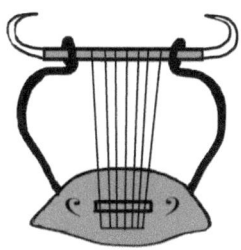

Düne

Dem Wind gelingt's als formend Wesen,
aus ödem Land
den feinen Sand
mit Kennerblick herauszulesen.

Zu hohem Grat bläst er geschickt
die Sandkörnchen, die hellen,
verziert sie, von der Form beglückt,
mit zarten Dauerwellen.

Du Erde hast es ausgeheckt,
die schönste Form zu bauen,
nimmst dir den Wind als Architekt —
lass mich dich schauen, schauen.

Entscheidung für einen Bewerber

Es ist oft schwierig, Gutes zu entscheiden.
Doch lässt es sich nicht ganz vermeiden,
die Welt aus Blickwinkeln zu sehn,
die so manch andre nicht verstehn.

Muss man jemand sich erwählen,
dann wird jedermann erzählen,
dass er auserlesen sei,
nicht nur durch sein Konterfei,
auch durch Herz, durch Geist und Seele,
und dass er die neue Stelle,
an Platz eins im Leben setze,
keine Menschenseel verletze,
sich tiefernst Gedanken mache,
Bestes tue für die Sache.

* * *

Ja, nun gilt es auszuwählen,
Geist und das Gewissen quälen.
Wird die Wahl einst gut, einst schlecht,
wird sie der Sache voll gerecht?

Einen kann man ja nur wählen,
muss die andern abseits stellen.
Qual für den, der sich entscheidet,
und — der Absage erleidet.

Entscheidung zwischen gut und gut
birgt in sich, dass sie Unrecht tut.
Erbitte Kraft vor dem Entscheiden
und mach dich frei, daran zu leiden.

Zu den Glückseligen Inseln

Zu den Glückseligen Inseln zu reisen
im tiefen Winter, wird *der* gutheißen,
der dem Dauergrau und des Winters Grimmen,
dem Schneeregen und dem Eiswind, dem schlimmen,
und der Grippezeit freudig den Rücken kehrt,
dem Frühling des Südens entgegenfährt.

Dort wärmen Vulkane, hell Sonne und Meer,
von lieblichen Blüten ein duftendes Heer.
Vom Atlantik umfächelt dich samtiger Hauch,
manchmal von Afrika Wüstenwind auch.
Die Seele baumelt und jubelt im Sand
vulkanischer Asche im jungfräulich Land.

Den Namen "Die Glückseligen Inseln" für die Kanarischen Inseln verwen-
det Plinius der Ältere 77 nach Chr. (Naturalis Historia, 6. Buch, 37). Er
zitiert diesen Namen aber schon nach älteren Autoren. In gleicher Gegend
suchten die Griechen auch das Elysion.
Der afrikanische Wüstenwind ist die Kalima, die große Staubfahnen weit
hinaus in den Atlantik transportieren kann.
Alles Land der Inseln ist "jungfräulich" — gegenüber dem viel älteren afri-
kanischen und europäischen Land —, da es sämtlich junge Vulkane sind,
die sich vom Ozeanboden aus hoch über das Wasser aufgebaut haben, im
Teide bis 3715 Meter über das Meer. Der jüngste über die See reichende
Vulkan ist der Teneguía von 1971 auf La Palma/ Kanaren.

Maiennacht 11./12.05.2020

Ob Mamertus, ob Sophia,
Schlimmes haben sie gebracht:
Unser Nussbaum ist erfroren
In nur einer kalten Nacht.

Vorher lockten sie mit Wärme
zarte Blüten noch hervor,
saftbetrunkne Hummelschwärme
taumelten im summend Chor

um die zarten Blättchenspitzen,
rötlich, gelb, orange und grün,
um in feuereifrig Schwitzen
selig ihren Kreis zu ziehn.

Denn von warmem Nass getrieben,
schossen in das Frühlingsrauschen,
all die noch zurückgeblieben,
um dem Schwarmgesang zu lauschen:

Frühlingsgrün ist sinnbetörend,
Bütenduft treibt Liebesrausch.
Was ist mehr vernunftzerstörend
als ein Apfelblütenbausch!,

der in rosaweißen Farben,
zarten Spitzenhäubchen gleich,
führt sie aus dem Winterdarben
in das Honigschlemmerreich,

sie, die lustschwirrend Insekten,
die den Frühlingstanz vollführen,
die den Blütentraum erweckten,
froh das Frühjahrstreiben schüren.

Alle wurden sie in dieser Nacht
um ihr Seelenglück gebracht,
alle Triebe, zierlich zarten,
die im Sprießensglück verharrten,

schwarz und schlaff erstarrten sie,
die sich freuten allzu früh – –
dank Mamertus und Sophie.

Meine Art

Ich habe Gedanken,
die halt ich für wahr:
Es schenkten mir Menschen,
so ganz wunderbar,

ein Wort, eine Art,
die tief eingesenkt,
bis zum heutigen Tag
mich immer noch lenkt.

Das heißt, ich selbst
bin doch nur ein Stück
vieler Geister um mich
im Augenblicksglück!

Bin ich unter Menschen,
betracht ich sie gut,
und suche, was jener
dort Besseres tut.

Das hat mich geformt,
daraus lernte ich viel,
und öffne mich dem,
den ich anhören will,

seh dort und bald hier,
was beeindruckt, gefällt,
das gesellt sich zu mir,
ergänzt meine Welt.

Ich dank auch allen,
für Vorbild und Gaben,
die mein Wesen und Denken
still mitgeformt haben.

Morgenlust

Duschen sollst du tief genießen.
Mit dem Duschkopf in der Hand
über dich das Wasser gießen,
stehen, fühlen, tief entspannt. – –

Nicht nur einfach Nass verbrauchen.
Dein Gemüt ins Wasser tauchen,
jeden Tropfen einzeln fühlen,
In den Duschstrahl dich verwühlen.

Sei es, dass du's warm sehr liebst,
dir die nöt'ge Wärme gibst,
um nach all dem Feuchtberinnen
deinen Tag gut zu beginnen.

Sei's, du suchst den Morgenkick,
und du wechselst mit Geschick
langsam steigernd heiß wie möglich,
kurz auf eisig-kalt unsäglich.

Das erweckt in dir das Leben,
kann ein Wohlgefühl dir geben,
jagt die Schläfrigkeit von hinnen,
lässt voll Tat den Tag beginnen.

Jeder tu's auf seine Weise,
Ob er jubelnd oder leise
seinen Tag beginnen will,
seinen Weg verfolge still,

oder voll von Seifenschäumen
will dem Tag entgegenträumen
und mit Sonne auf dem Rücken
sich mit Blumenduft verzücken,

oder ob er sich die Menge
netter Menschen um sich schart,
die in freudigem Gedränge
seiner Tagespläne harrt.

Guter Morgen ist das Walten
eines zielbewussten Tages,
gleich wie er sich wird gestalten.
Wichtig ist dabei — man mag es.

Jeder freu sich seines Lebens,
– sollt es nur ein Lichtblick sein –
auf dass auch kein Tag vergebens,
eh' der Abend bricht herein.

Carpe diem

(bedeutet: Genieße den Tag bewusst in Muße)

Carpe diem ist so triftig,
carpe diem ist so gut.
Hüt die Zeit, sie ist so wichtig,
vor Vertun sei auf der Hut.

Ja, was kannst du denn da machen?
Kannst dich viel mit **Muße** freun,
singen, tanzen, girren, lachen —

und es kann auch **Muse** sein:
Lesen, schreiben und studieren,
forschen, deine Welt verzieren,
werkeln, gärteln und bemalen,
Blumen zieh'n in goldnen Schalen.

Gutes lesen mit Genuss,
zart umhaucht vom Musenkuss. –
Und auch einmal gründlich ruhn
im Genusse, nichts zu tun.

Carpe animam

Die Seele baumelt wie verloren,
befreit als gäbs die Zeit nicht mehr.
Ohn' Zeitgefühl ganz neu geboren
tauch ich in tiefzeitloses Meer.

Die Seele an ihr Glück erinnern,
ohn' Dunkelzeit und allem Drang,
ganz ruhig werden tief im Innern,
ganz still und leise – ewig lang.

Das ist so heilsam für das Leben,
nicht denken an den Augenblick,
sich zeitlos nur dem Nichts hingeben
im tiefunendlichleuchtend Glück -

— —

und wenn ich's will, kehr ich zurück.

Carpe homines

Sieh an die frohen, hellen Menschen,
spiel mit dem lebensdurstig Kind.
Sieh auch, die ziellos umherschweifen
und die, die hilflos traurig sind.

Meid' schale Worte, Leergeschwätz,
flieh Menschen, die sich gern erhöhen,
die dir erklären *ihr* Gesetz,
das Leben aber kaum verstehen.

Und all den vielen misch dich ein
mit Frohsinn, Hoffnungslicht,
mit Trost und Hilfsgefühl so fein
sieh zu, dass es an nichts gebricht.

Allein die Zuwendung zu fühlen,
ist manchem so ein tiefes Glück,
und meistens wirst du dann erfahren,
es strahlt auch in dein Herz zurück.

Carpe musicam

Ihr lieben Töne endet nicht
in mir bunt zu erklingen.
Wie aus dem Dunkel bricht ein Licht
ist's, wenn hell Kehlen singen.

In Tönen schwingt die Seele mit.
Das macht den Tag so froh.
Sing du für mich, darum ich bitt,
wenn mir's brennt lichterloh.

Das heilt mir all mein Kümmernis,
ich lausch andächtig still,
bis meine Seele im Verlies,
selbst wieder singen will.

Lieb musica, braus' durch die Welt,
durch Schatten, Glut und Licht.
Du weißt, dass dein süß Lied erhellt
gar manches Trübgesicht.

Epilog

Lyrion

Die Sache mit der Lyrik,
Sie trug sich einst so zu:
Ich traf im Walde Lyrion.
Er saß in tiefer Ruh.

Ich setzte mich an seine Seit',
wir sah'n uns lange an.
Es schien, als kannten wir uns beid'.
Es bahnte sich was an:
Obgleich noch gänzlich unbekannt
verspürten wir uns sinnverwandt.

Ich fragte, was ihm denn gefällt.
Er sagt, ich träume still und leis
von sonngetränkter, edler Welt,
von Glücksgedanken heiß,

von rotdurchglühten Felsen,
Goldaugen in der Nacht,
von Sängen weißer Elfen
und Nordlichtzauberpracht,

von Tönen, die der Eisbär liebt,
Posaunenklang im tiefen Meer
von Farben, die es gar nicht gibt,
von Sternentanz rund um uns her.

Da merkte ich mit einem Mal,
wie meine Welt sich drehte,
Reelles leis im Dunst verschwand,
süß Wunschwelt mich anflehte:

So träum' doch ewig hier und lang
von buntem Hauch in Farben,
von Elfenrausch und Harfenklang,
um die einst Götter warben.

Fine

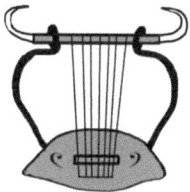

"Da capo al fine"

Inhalt alphabetisch und Anmerkungen

Das angegebene Datum bei einem Gedicht ist der Beginn der Niederschrift. Ergänzungen können später erfolgt sein.

Äuglein (Seite 28): 2001
Almrausch (71): 15.08.1986. Foto: Kanareneidechse La Palma 25.02.2020.
Bärengefühle (40): 23.11.1986
Begegnungen (81): 13.02.1985
Bierlustzeit (64): 04.03.2002
Bilanz (58): 11.12. 1994
Blond (64): Febr. 2001
Bücherwurm (88): 04.03.2002. Publiziert 2015 in: Wortgeschichte „Kallmünzer" als Gestein. Geologische Blätter für Nordost-Bayern, 65, S. 221.
Carpe animam (129): 2018
Carpe diem (128): 2018. Heute wird der Horaz'sche Spruch meist als Hinweis, sich nützlich zu machen, verstanden. Völlig irrig.
Carpe homines (130): 2018
Carpe musicam (131): 2018
Darmspiegelung (49): 31.01.2006. Zeichnung (*50*): Flyolix: 11.03.2021
Das Alter (20): Juni 1994
Das Kätzchen von Pilgerndorf (105): 10.06.2012. Zeichnung: 10.03.2021
Dem Augenblick leben (86): 30.05.2006. Zeichnung: Flyolix
Der Scheideweg (68): 12.10.1999
Der totgesagte Winter 2017 (108): 20.01.2017
Die Regnitz (113): 28.08.2012. Bilder Flinz und Chalzedon
Die Sitzung (36): 23.01.1996

Die süße Arbeit (12): 27. 04. 2001. Das Gedicht ist als Begleitung des Gedichtes „Die gute Arbeit" (Wegewarte S. 113) entstanden.

Die unbestechliche Zeit (94): 02.04.2007

Drum fang ich mir die Sonne (96): 27.10.2007. Foto: 12.10.2007

Düne (120): 17.12.97. Foto: 14.09.2017

Eifersucht (29): 03.03.2002

Eifersüchtig (111): 04.03.2002

Ein einziger Tropfen (88): 07.02.1992. Publiziert 2001 in 160 Zeichen SMS-Literatur auf kleinstem Raum. Spass: S. 63, Nr. 6080, Düsseldorf (uzzi-Verlag 2001). — Digital in: 160 Zeichen SMS-Literatur auf kleinstem Raum. - Nr. 6080, Position 3628. 160 Zeichen.mobi (Kindle Edition 2012)

Einer 100-Jährigen (101): 09.02.2012. Für Irmtraut Böhme (1912–2013), mit der ich lange im Chor sang und die mit mir zugleich Geburtstag feierte.

Entscheidung für einen Bewerber (121): 11.11.2012

Erfüllt (65): 1998

Etymologie des Arms (27): 01.11.1981. Vgl. *Etymologie des Schienbeins* in Wegewarte, S. 31

Februarlicht (48): Febr. 1990

Forchheim – das ewige Tor zum Osten (90): 21.06.2005. Publiziert in: Fränkischer Tag, B, 01.07.2005.

Frühling (119): 26.03.2013

Gebet: Gott lass mich (55): 13.04.1983. Foto: 24.02.2019

Gebet: Lass meine Wege (17): Okt. 1984. Publiziert in: Evangelisch im Dekanat Forchheim, 2014-2: S. 17. Zeichnung: Glockenstuhl 19.03.2021

Gebettet (29): 1990

Gedanken beim Texteschreiben (102): Pfingsten 2012

Gedanken in der Winternacht (31): 04.12.1986

Geglückte Arbeit (29): 24.02.1994

Geschenk-Unsitte (112): 24.02.1994

Herbst und Winter (44): Nov. 1984: Foto: 27.09.2013: Rhus *(keltisch)* = rot. Es ist die Herbstfärbung beim ersten Wintereinbruch

Herbstlicher Reigen (41): Okt. 1990

Hochzeitsjubiläum (62): 03.09.1995

Höchstes Glück (65): Febr. 2001. Publiziert 2001 in 160 Zeichen SMS-Literatur auf kleinstem Raum. Liebe: S. 78, Nr. 6085, Düsseldorf (uzzi-Verlag 2001). — Digital 2012 in: 160 Zeichen SMS-Literatur auf kleinstem Raum. - Nr. 6085, Position 1307. 160 Zeichen.mobi (Kindle Edition 2012).

Im Fluss (59): 10.03.2021. Rötelzeichnung: Schikh im Fluss: 1996

Innerer Zwiespalt (69): 28.08.1999, am 250. Geburtstag von J. W. v. Goethe

Jammer (51): 12.02.1993

Klimawandel-Apokalypse (21): 18.04.2019. Zeichnung: 1994, publiziert in Schirmer, W.: Rhein Traverse (1995: 499)

Kriegskindheit (53): 13.03.2020

Lasst's euch nicht verdrießen (117): 12.04.2020. In Zeile 1 und der drittletzten 2. Thessalonicher Brief 2.3.13 verwendet.

Lebensgeister (56): 10.02.2010. Heike Spies zum 50. Geburtstag gewidmet.

Lebenswunsch (46): Meinem Vater, während seiner 80. Geburtstagsfeier auf Schloss Colmberg als kleine Tischrede nach der Vorspeise vorgetragen am 11.06.1989.

Lehrvorstellungen (76): 28.01.2000. Das Gedicht resultiert aus einem Rundbrief an der Universität Düsseldorf, der aufgrund schwindender Beteiligung in Hörsälen auffordert, die Lehre gemeinsam zu überdenken und neu zu gestalten.

Liebe auf dem Prüfstand (18): 30.11.1985. Zeichnung: Flyolix mit Herz. 19.03.2021.

Liebespfade (89): 18.11.1999

Lippenglaube (48): 14.03.1994

Lügen (28): März 2001. Publiziert 2001 in 160 Zeichen SMS-Literatur auf kleinstem Raum. Spass: S. 64, Nr. 6084, Düsseldorf (uzzi-Verlag 2001). — Digital: 2012 in: 160 Zeichen SMS-Literatur auf kleinstem Raum. - Nr. 6084, Position 3634. 160 Zeichen.mobi (Kindle Edition 2012).

Lust auf dich (47): 03.03.2002

Lust und Leben (29): 03.03.2002

Lustsünde (111): März 2002

Lyrion (132): 01.03.2019. Bild: Lyra und Flyolix

Maiennacht 11./12.05.2020 (123): 12.05.2020, Foto: 14.05.2020

Malochen (47): 04.03.2002

Meine Art (125): 09.07.2017. An meiner 80. Geburtstagsfeier 14.07.2018 vorgetragen.

Mondlichttraum (30): 07.03.1986

Morgenlust (126): 27.03.2020

Nacht (37): 10.08.1983

Neues Glück (98): 30.05.2006

Nächtliche Ideen (67): Dez. 1998. Flyolix: 2016

Orientalischer Himmel (48): Okt. 1985

Pfingsten (35): 08.06.1987. Publiziert in: „Brücken bauen". Ev. Kirchengemeinde Norf, Rosellen, Nievenheim, Mai/Juni 2001, S. 3

Pflichtfrei (58): 19.01.1996

Qwurx (38): 08.03.2021; Zeichnung: 22.01.1997

Reden und Schweigen (80): 15.01.2007

Rheinforschers Schicksal (84): Dez. 2002. Publiziert in: Schirmer, W. [Hrsg.] (2003): Landschaftsgeschichte im Europäischen Rheinland. GeoArchaeoRhein, 4: S. 547; Münster.

Rillen im Kalkstein (42): 15.08.1992. Foto: 12.07.1991

Rötelfels (99): 14.09.2009

Schlaukopf (47): 03.07.2006

Schwatz und Zeitnot (70): 03.07.2006

Seelenpflege (38): 23.01.1991

Seeranne (60): 15.11.1994 . Foto: 07.09.1994

Siebzig (48): 24.05.2004

Sinnerfüllt (65): 2008
Sinnerfüllte Zeit (88): 03.04.2007
Sinnesschäume (64): Febr. 2001
So eilet (15): 11.10.1986
Steh auf und säume nicht (51): 23.01.1991. Das erinnert mich heute
    (02.01.2014) an „Mache dich auf" aus Jesaja 60, 1.
Uneinsicht (28): 04.04.2013
Vergessen (110): 16.06.2012
Via Mala (57): 25.11.1994. Federzeichnung: 1995. Publiziert in
    Schirmer, W.: Rhein Traverse (1995: 498)
Wahres Glück (52): 07.03.1986
Waldrebe (74): 29.01.2006, Fotos: Wolkenstein *(75)* 23.01.2006,
    (74) 13.11.2019
Wetterwendisch (111): 03.03.2002. Publiziert 2012 in: 160 Zeichen
    SMS-Literatur auf kleinstem Raum. - Nr. 3218, Position
    4227. 160 Zeichen.mobi (Kindle Edition 2012)
Wintergefühle (13): 23.11.1984
Winterruhe (19): 04.11.1997. Foto: 23.01.2021
Winterschein (79): 18.10.2002. Foto: 12.02.2009
Wintersonne (83): 29.01.2006. Meiner Schwester Waltraud kurz vor
    ihrem frühen Krebstod.
Wüste und Eisberg (66): 18.12.1997
Wunsch für den Ruhestand (56): 17.04.1993
Zu den Glückseligen Inseln (122): 19.02.2013
Zufrieden (112): Febr. 2001
Zwei Seiten (112): 20.02.2013

Foto S. 139: Ursula Schirmer

Umschlagseite vorn: Schwarzbeerblätter im Herbst. *Vaccinium myrtillus*, Ultental/Südtirol, 12.09.2019
Umschlagseite hinten: Seespiegel Falkertsee, Nockberge, Kärnten 15.09.2019

Wolfgang Schirmer, geboren 1938 in Amberg/Bayern, lebte in der Oberpfalz, in Franken, lange im Rheinland, jetzt, seit Ende der Berufszeit, in Wolkenstein in der Fränkischen Schweiz. Er studierte und lehrte Geologie, zuletzt an der Universität Düsseldorf. Er schreibt seit 58 Jahren wissenschaftliche Texte, liebte daneben immer das phantasiegetragene Leben. Beiden, der Erde und den Menschen, gehört sein Herz. Die Menschen dafür zu begeistern, die Sprache der Erde zu verstehen, ist sein größtes Anliegen. Mu-

sik, Zeichnen und Dichtung begleiten ihn dabei. Wolfgang Schirmer ist verheiratet, hat drei Kinder und zwei Enkel. Dem „Lyrion"-Band gingen der Gedichtband „Wegewarte" (2016) und die Fantaselle „Cuervo, der Rabe von La Palma" (2018) voraus.

Coda

„Siehst du, Flyolix, diesmal kommst du sechsmal im Büchlein vor. Bist du jetzt zufrieden?"

„Ich wollte aber doch auch mal in einem Gedicht vor-
kommen."

„o.k.:

Weiß der Wolfgang einmal nix,
dann setzt er seinen Flyolix,
nach alter wohlgepflegter Sitte
in eines Blattes leere Mitte. –
Ist das, was die Flyo-Welt
endlich ganz zufrieden stellt?"

„Dann bin ich nicht nur Spinnenfüßer,
sondern auch noch Lückenbüßer!"

„Ich denke aber, das ist schon,
eine wichtige Funktion.
In der Zeilen schmalen Ecken
will ich dich doch nicht verstecken!
So aber – acht gut darauf –,
fällst du optisch viel mehr auf."

Zeitfracht Medien GmbH
Ferdinand-Jühlke-Straße 7
99095 Erfurt, Deutschland
produktsicherheit@kolibri360.de